東亞文明研究叢書
40

日本漢學研究續探

文學篇

葉國良
陳明姿◎編

臺灣大學出版中心

日本漢學研究續探：文學篇

目　次

導　言

葉國良、陳明姿

　　現今的學界泛稱中國學為漢學，世界各國都有人在研究漢學，漢學已發展成一門國際性學問。然而，漢學雖源自中國，卻由於歷史及地理上的種種因素，自古便傳至亞洲諸鄰國，並影響該國文化，日本便是一例。據日本現存最早的書籍《古事記》、《日本書紀》的記載，早在三世紀時《論語》、《千字文》便已傳至日本，至 607 年時，日本朝廷並正式派出小野妹子代表天皇前往中國向當時的隋朝天子致意。之後，中日兩國交流更趨頻繁，除了經由朝鮮半島外，日人也直接跨海前往中國學習各種文化、文學，並攜回大量的經典、文物。日本國內多次掀起中國熱，除了奈良、平安時期的各種制度皆師法自當時先進的中國之外，早期的書籍也都是借用中國文字表記而成。正式公文及官吏間的書信往返，亦皆以中國文字書寫而成。後來因中國文字筆畫繁瑣，他們逐漸將其簡化，並發展成現在的片假名及平假名。假名文字興起後，日人也開始嘗試以假名來書寫詩歌或日記等文學。為了區分兩者文學型態的不同，他們稱以假名寫成的日本式詩歌為和歌，中國文字寫成的詩歌為漢詩，並習慣將泛中國化之事物冠上一個「漢」字，如漢文、漢字等。至江戶時代，漢學已漸固定為日本對泛中國學的稱號。

　　綜觀日本漢文學發展史，約有三個巔峰期。第一個巔峰期

在七至九世紀，即日本的大和、奈良時代及平安初期。當時日本的朝廷除派出遣隋使、遣唐使之外，同時也派出大量的留學生、學問僧隨行，至中國學習各種文化制度，並帶回不少典籍、文物。當時的平安京即是仿西安建築而成的京城，日本國內漢文學盛極一時，《懷風藻》、《凌雲集》、《文華秀麗集》、《經國集》等作品便是這個時期應運而生的漢詩文集。除了漢文學的作品大量問世之外，這個時期的漢文學亦在稍後出現的日本和文學——女流日記文學、物語文學——形成之際扮演重要的角色。

　　第二個巔峰期是十三至十五世紀，即日本的鎌倉、室町時代，此一時代日本僧侶與宋元歸化僧是肩負這一波漢文學活動的主要人物。他們除了禪宗之外，並將中國禪林生活裡創作漢詩文的風氣一併傳入日本。當時的代表人物如一山一寧、吉林清茂、中嚴円月、義堂周信、絕海中津，大都是當時設於京都及鎌倉五山的高僧，他們創作的漢詩文，無論質與量均居日本中世紀之冠，也因此在日本漢文學史上留下了「五山文學」的雅號。

　　第三個巔峰期在十七、八世紀，即日本的江戶時代。江戶幕府採用儒學思想為其文治政策，故漢學亦成為當時武士的必備教養。政府及一般人常透過前來長崎的中國商船取得中國的書籍、文物。《三國演義》、《水滸傳》及《三言二拍》等白話文學都在這個時期傳入日本。當時的儒者如新井白石、室鳩巢、祇園南海等人皆擅長作詩。另外，荻生徂徠的門人服部南郭亦成為漢詩的名人。江戶漢詩文呈現另一絢爛豪華的時期。

除了官派詩人野村篁園、友野露舟外，江湖詩社的市河寬齋、下谷吟社的大沼枕山、玉池吟社的深川星巖及中島棕隱、賴山陽、菅茶山、廣瀨淡窓及江馬細香等人，皆是此一時期的代表性漢詩人，留下了不少讓後世日人愛不釋手的漢詩。

　　除了這三個巔峰時期之外，漢學在日本各個時代的發展從未間斷過。漢學在日本文化、文學發展史上可以說一直扮演著極重要的角色。為了探討日本的漢文學，我們曾於 2001 年舉辦第一屆日本漢學國際會議，之後在 2002 年、2003 年又相繼舉辦第二、三屆日本漢學國際會議，除了本國的學者之外，亦邀請日、韓、歐、美等地的漢文學研究者共聚一堂，討論日本漢學。這次繼第一屆日本漢學研究的論文集《日本漢學研究初探》後，特別將第二、三屆日本漢學國際會議發表的論文，依其內容及性質，分成「思想文化篇」及「文學篇」彙編成冊，以就教同好。

　　本書屬「文學篇」，共收錄十篇論文，大致依時代先後順序編輯而成。前四篇是平安時代的漢文學，第一篇興膳宏教授的論文，主要在論述平安朝初期漢詩的發展過程及其與唐詩的關連，第二篇後藤昭雄教授則是論述平安後期，特別是十一世紀日本文人對中國詩史的瞭解及其受容情形，第三篇陳明姿的〈源氏退居須磨記對中國史書及文學的受容〉則是在探討漢文學在日本和文學成立之際扮演何種角色。第四篇三田明弘教授的論文是探討〈和漢朗詠集〉的古注釋對中國歷史故事的受容和變容。由三田教授的論文可看出安祿山、楊貴妃等歷史人物在日本被改寫的情形。第五篇至第九篇則分別論述江戶時代的

漢文學。相對於海村惟一教授藉由江戶高僧以心崇傳的《翰林五鳳集》道出日本漢學裡的「中國性」，朱秋而教授的〈論六如上人在漢詩上的繼承與開拓：以季節景物描寫為中心〉則是在論述江戶漢詩日本化的特性。第七篇廖肇亨教授的論文，探討將黃檗文化傳至日本的隱元禪師晚年詩作的兩種聲音。第八篇黃昭淵教授的論文是藉由〈和漢乘合船〉來探討中國俗文學如何直接或經由韓國影響及江戶時代的俗文學，本篇論文除了中日之外，韓國的漢學亦列入探討的範圍。第九篇蔡毅教授從新發現的資料，論述來往於長崎的清代客商在江戶時期中日文化交流史上扮演何種角色。第十篇川合康三教授的論文，則是在論述日本中國文學史的成立及其對中國本土中國文學史成立的影響。

由這些學者的研究，可以看出日本漢學雖與中國文化、文學淵源深遠，關係密切，卻亦因人文地理、風俗習慣及民族性的不同，發展出和中國本土漢學不同的特質。只是兩者雖然有所不同，日本漢學為漢學的一支，乃是不爭的事實。因此，在研究漢學之際，除了中國本土的文學、文化之外，實不應忽略日本漢學而不談。「他山之石，可以攻錯」，相信將視野延伸至日本漢學，並與中國本土的漢學相比較，對漢學的全貌會有更完整的掌握，對古代東亞各民族的交流也會有更進一步的了解。本書拋磚引玉，希望學界能有更多先進加入日本漢學研究的行列。

每一本論文集得以順利出版都是由眾多的力量匯集而成，我們要感謝下列單位的協助：行政院國科會、教育部、交

流協會臺北事務所、東亞文明研究中心、中央研究院文哲研究
所、日本國立京都大學中國文學研究所、臺灣大學中國文學
系、臺灣大學日本語文學系、臺灣大學出版中心等單位。沒有
他們的鼎力相助，這本書無法在這麼短的時間內出版問世，然
而匆促付梓，疏漏難免，尚祈大雅君子不吝賜教。

平安朝漢詩人與唐詩

興膳宏[*]著、蔡毅^{**}譯

一

  日本最早的漢詩集，是成書於西元 751 年（天平勝寶三年）的《懷風藻》。該書序（撰者不詳）末云：「于時天平勝寶三年歲在辛卯多十一月也。」即比現存最早的和歌集《萬葉集》（759年以後成書）至少早十年左右。序文中關於所收的作品，有以下的表述：

> 遠自淡海，云暨平都，凡一百二十篇，勒成一卷，作者六十四人。

就是說，該書共收從七世紀後半近江（淡海）朝至八世紀奈良朝的作者六十四人，詩一百二十首。但現存《懷風藻》的實際詩數爲一百一十六首，少了四首。作者是以天皇爲中心的宮廷詩人，其中尤以奈良朝詩人居多。因此我們可以概而言之，《懷風藻》是一部從七世紀後半至八世紀中葉的宮廷詩人們的詩集。

  從詩型來看，在一百一十六首詩中，五言詩有一百一十

---

[*] 日本國立京都大學名譽教授暨京都國立博物館館長。
^{**} 日本南山大學外國語學部教授。

首，而七言詩僅有六首。五言詩中，八句詩最多，有七十四首；另有四句詩十九首，十二句詩十首，十六句詩二首。五言八句詩幾乎都是「應詔」等朝廷公宴上的作品，以及同人集會鬪句的「七夕」之類題詠之作。這種社交性的應酬唱和，構成了《懷風藻》的基調。

例如，五言八句詩 65 下毛野蟲麻呂〈秋日於長王宅宴新羅客〉，[1]是他在以左大臣之尊權傾一時、並身爲宮廷文學沙龍中心人物的長屋王宅邸舉行的君臣宴集上作的，並冠有蟲麻呂作的序。宴會主人長屋王自己的詩，則應是 68〈於寶宅宴新羅客〉。在這前後，還收有參加宴會的其他臣僚的作品，詩的形式全部統一作五言八句。這裡且將以「秋日於長王宅宴新羅客」爲題賦詩的作者姓名依排列順序列舉如下：60 背奈行文、63 刀利宣令、71 安倍廣庭、77 百濟和麻呂、79 吉田宜、86 藤原總前，共計六首。

在這些詩中，每篇題下都有「賦得風字」、「賦得稀字」、「賦得前字」等註記。其意爲宴集時將「風」、「稀」、「前」等韻字以抽籤形式分給與會者，然後各自用指定的韻字作詩。詩型皆用五言八句的共通形式，則顯然應該是一種彼此認同的默契。

52 山田三方的〈秋日於長王宅宴新羅客〉，同樣有三方本人的序，但沒有「賦得某字」那樣的題下註記。這很可能是不同時間在同樣的宴席上的作品。與此形式相同的，則有 62 調古麻呂之作。長屋王宅邸宴席上的詩作，在別處還可以看到。

---

[1] 以下註有阿拉伯數字編號的作品，皆據小島憲之校註：《懷風藻》（東京：岩波書店，1964 年），收入《日本古典文學大系》69。

題詠「七夕」的詩，收有 33 藤原史、53 山田三方、56 吉智首、74 紀男人、76 百濟和麻呂、85 藤原總前等六首，雖然不能遽斷，但大概也是同時同地的唱和之作。

像這樣在同一個宴席上君臣用相同形式競技作詩的風雅遊戲，中國從六朝時期以後常常舉行，到了唐代，其方法更加巧妙嫻熟，經過長期的積累，五言律詩的詩型乃漸次成熟。那麼，《懷風藻》的詩人們，又是怎樣學習彼岸流行詩風的呢？小島憲之氏認爲，自始於養老年間（718-724）的長屋王時代以還，初唐詩人，特別是王勃、駱賓王的詩曾風靡一時，《懷風藻》中可以找到很多模仿這兩個人詩作的痕跡。[2]他還認爲，在他們的文集裡經常可以看到的「詩序」形式，也被照樣採用。我們從前述下毛野蟲麻呂和山田三方的詩序中，可以明顯地看到這種影響的痕跡。眾所周知，《王勃集》唐寫本的卷二十八、二十九、三十殘卷僅存於日本，正倉院文書裡也留存了不少「詩序」。《駱賓王文集》一卷雖爲逸書，但因正倉院文獻錄有其名，我們也不難想像它和《王勃集》一樣，曾給當時的詩人以一定影響。

長屋王的時代，從時間上來說，相當於盛唐時期，但當時的詩人們也許並沒有接觸過李白、杜甫的詩。編纂於九世紀末的《日本國見在書目錄》，盛唐詩人中錄有王維、王昌齡、張說的文集，但沒有杜甫，李白則僅錄有《李白歌行集》三卷。可是，在與中國大陸往來不便的那個時代，出現這種現象毫不

---

[2] 《懷風藻・解說》，頁 14。

足怪，詩人們還是以既往的六朝詩或初唐詩爲範本，爲盡可能接近唐人的水準，而殫精竭慮、瀝血嘔心。

在中國，詩人們在宴席上唱和作詩時，預先對詩型、詩題、押韻等做一個共通的設定，在這個必須遵守的規範中互相競技，一較短長，這種傾向從五世紀末南齊永明年間以後漸趨明顯，並最終定型。具體而言，即詩型取五言八句，也就是唐以後的五言律詩；詩題或者是諸如「七夕」之類常題，或者是預先準備好的其他詩題，分配給各人，叫做「分題」；押韻則以「賦得」的方法，叫做「分韻」。

王勃、駱賓王的文集裡，就有很多這樣的作品。例如，王勃有〈上巳浮江宴韻得阯字〉（五律）、〈春日宴樂遊園賦韻得接字〉（五律）等詩，駱賓王也有〈秋日餞陸道士陳文林得風字〉（五律）、〈送王贊府上京參選賦得鶴〉（五律）。這些都是五言律詩。用七律的形式寫的作品當然也有，王勃著名的七律〈滕王閣〉即爲一例。說明該詩寫作背景的〈秋日登洪府滕王閣餞別序〉的末尾，有「一言均賦，四韻俱成」，可知這是在多人與會的餞別宴席上，用分韻的方法創作的。前云下毛野蟲麻呂〈秋日於長王宅宴新羅客序〉的結尾，也說「人探一字，成者先出」，這就明確地告訴我們，奈良朝的詩人們是傚效了唐詩的這種方法。

然而我想，《懷風藻》的詩人們所景仰的典範，決不會僅僅限於王勃、駱賓王。因爲王、駱文集中所收的詩，只是他們在集團唱和時自己的作品，而應當作於同時的其他詩人的作品，並沒有收錄，因而無法充分把握唱和的整體狀況。但我們

完全可以設想，關於當時創作的場景，是不是還曾經存在過能夠更加全面地提供各種信息的其他詩集呢？

僅留存於日本的唐人所撰唐詩集之一，為《翰林學士集》零本一卷。《翰林學士集》這一書名，是日本人臨時命名的，並不能正確反映該書的內容。關於該書的版本源流，這裡不擬具論，其內容均為唐太宗與群臣唱和之作，共五十一首，分為十三組。唱和的中心人物大多是許敬宗，可以推測這部詩集的成立和他有特別的關係。例如，第三組以「五言奉和侍宴儀鸞殿早秋應詔」為題，打頭的是太宗的五律〈賦得早秋〉，長孫無忌、楊師道、朱子奢、許敬宗四人的五律四首緊隨其後。此外，最後的第十三組題為「奉和詠棊，應詔」，排在最前面的仍是太宗的五律二首，其後是相同形式的許敬宗、劉子翼以及失名某人的唱和詩各二首。成於許敬宗之手的〈五言侍宴中山詩序〉的最後，有「爰詔在列，咸可賦詩，各探一字四韻」之語，可知依然是用分韻的方法。可以推想，不僅僅是一部《翰林學士集》，像這樣的詩集還曾經有過不少，它們都曾為日本漢詩人提供過適於效法的範本。

為了檢視《懷風藻》的詩人們在多大程度上掌握了五言律詩的形式，依論證的程序，首先需要確認五律的標準形式。就五言律詩而言，其詩法有兩種類型，首句最初二字（特別是第二字）以仄聲始者為仄起式，以平聲始者為平起式。下面且錄示這兩種形式：（○為平聲，●為仄聲，◎表韻字。）

〔仄起式〕：

1. ●●○○● 　2. ○○●●◎

3. ○○○●● 　4. ●●●○◎

5. ●●○○● 　6. ○○●●◎

7. ○○○●● 　8. ●●●○◎

〔平起式〕：

1. ○○●●● 　2. ●●●○◎

3. ●●○○● 　4. ○○●●◎

5. ○○○●● 　6. ●●●○◎

7. ●●○○● 　8. ○○●●◎

但是我們必須注意到，這種格式其實是很久以後律詩詩型完全定型時的產物，在被奈良朝詩人尊爲典範的初唐詩人的時代，還沒有出現如此明白確定的「詩譜」。自六朝以來，從追求四聲和諧的「四聲八病」，到努力使平仄相叶互適，這種調試、規範詩歌聲律的嘗試，一直在積極地進行。而初唐時期，正是一方面八病說仍被奉行，但另一方面又向整合爲平仄對應過渡的時期。關於這一時期的平仄規律，空海根據唐代詩法著作編撰的《文鏡秘府論》六卷，能爲我們提供最確切的資料。其西卷「文二十八種病」第三「蜂腰」項，引隋代劉善經之說云：

又第二字與第四字同聲，亦不能善。此雖世無的目，而

甚於蜂腰。

「蜂腰」是「八病」的第三條，指五言詩的第二字和第五字忌同聲，但隋代的詩人們已經意識到，第二字和第四字同聲，其實更應該避忌。這就是所謂「二四不同」的原則。《文鏡秘府論》天卷「調聲」項，作為「二四不同」的補充，又引了初唐詩論家元兢的「換頭」說。「換頭」別名「拈二」，即五言詩第二字的平仄，相鄰兩句之間必須交替互換，這樣必然導致第四字之間也平仄更替。這實際上相當於後來的「黏法」。可以認為這曾經是初唐時期五律詩法的核心規律。

綜上所述，一句之中平仄的重點是第二字和第四字，這兩字必須平仄交替。也就是說，如果第二字是平，第四字就是仄，反之第二字是仄，第四字就必須是平。此即所謂「二四不同」。而且，一聯二句出句與對句的第二字和第四字，平仄也必須是相反的。再者，相鄰兩聯的平仄關係，如第二句和第三句的第二字、第四字，平仄則必須相同。依此類推，第四句、第五句及其以後也是一樣。此即所謂「黏法」。可以說「二四不同」和「黏法」，在處於律詩形成過程中的初唐，成為聲律上的基本規則。

除了平仄規則，律詩的中間第三句和第四句（頷聯）、第五句和第六句（頸聯），還要求必須由對句構成。這應該也是逐漸自然形成的約定俗成的慣例。第一、二句（首聯）也可以是對句，但並非必要。第七、八句（尾聯）作對句的例子不是沒有，但十分罕見，一般都是僅此一聯用散句（非對句）作結。

如果我們把上述規律視為初唐詩人普遍認同的基本知

識，以此爲前提來檢視《懷風藻》的五言八句詩，就可以發現完全遵守這種律詩規則的作品雖然極少，但確實是存在的。以下介紹其中一首，即 53 山田三方〈七夕〉：

　　　1. 金漢星楡冷　2. 銀河月桂秋

　　　3. 靈姿理雲鬢　4. 仙駕度潢流

　　　5. 窈窕鳴衣玉　6. 玲瓏映彩舟

　　　7. 所悲明日夜　8. 誰慰別離憂

第三句的後三字應該是○●●，但這裡的●○●在習慣上也是被允許的。

　　然而，在《懷風藻》的五言八句詩中，完全符合律詩規則之作，只是極少數，大多數作品僅僅符合「二四不同」的條件，而未能顧及「黏法」。試舉一例，69 長屋王〈初春於作寶樓置酒〉：

　　　1. 景麗金谷室　2. 年開積草春

　　　3. 松烟雙吐翠　4. 櫻柳分含新

　　　5. 嶺高闇雲路　6. 魚驚亂藻濱

　　　7. 激泉移舞袖　8. 流聲韻松筠

這首詩的第一句第二字「麗」爲仄聲，這樣第四字就應該是平聲，但出現的卻是仄聲「谷」，不符合「二四不同」的原則。第二、三、四句都遵守規則，平仄交替，但第五句以下平仄又發生了舛誤。至於長屋王是否通曉「二四不同」和「黏法」，

因為他有〈於寶宅宴新羅客〉那樣堪稱完璧的合律之作，所以決不會不具備這方面的知識。以《萬葉集》歌人著稱的大伴旅人，其 44〈初春侍宴〉，也還是可以找出一點平仄紊亂的破綻：

1. 寬政情既遠　2. 迪古道惟新

3. 穆穆四門客　4. 濟濟三德人

5. 梅雪亂殘岸　6. 煙霞接早春

7. 共遊聖主澤　8. 同賀擊壤仁

這首詩第一句的「政」和「既」，第四句的「濟」和「德」都是仄聲，不合規則，但除此以外，其他都吻合律詩的條件。也可能是他把「濟」字誤認作平聲了。可以推想，大伴旅人已經基本上掌握了五律的作法，但在正確運用上還有點力不從心。其實，在《懷風藻》詩人中，旅人的詩尚屬上乘，平仄混亂、不辨涇渭者大有人在，可見詩人們的個人水平還有高下之差。

　　與平仄認識的不足相比，對句方面則幾乎沒有問題。上面所引的三首詩，對句都接榫合縫，而且除了頷聯、頸聯，首聯、尾聯也跡近對偶，似乎傾注了過多的熱情。這樣反而使全詩結構顯得單調，韻律也不免受到損傷。而對句的基本功用，在於通過其外在表現和內在意蘊的兩兩相對，來凸顯均衡勻稱之美。得其要旨，適時而用，才能獲得理想的對稱效果。與此同時，與主角對句相應的配角散句，也悄然發揮著潛在的作用，對此也不可忽視。如果所有的句子都爭唱主角，這齣戲的效果就可想而知了。

　　總之，《懷風藻》的詩人們為了學習當時最時髦的初唐詩風，耗費了相當多的心血。但究其成果，至少在實踐這一層面，儘管他們全力以赴，其作品中仍不免留下了很多六朝詩風的殘影。

　　那麼，當時的日本文人們，又是通過什麼方法來區別漢語平仄的呢？因為日語中吸收的漢字發音，不管是漢音還是吳音，四聲之中除了入聲可以用促音區分外，平、上、去三聲完全無法判斷。據〈養老令〉（養老二年，718 年制定）的「學令」，大學、國學經書的學習方法是：

　　　　凡學生，先讀經文，通熟，然後講義。

即學生要先用漢語誦讀經文，能夠背誦以後，再聽取博士、助教關於內容的講授。這是一種只念不講的「素讀」，但和後世「訓讀」方式的素讀不同，是直接用漢語讀音來念的。為此在大學中還設有傳授漢語語音的「音博士」（從七位上）（「職員令」）。而擔任所謂「音博士」者，很可能就是大陸來的「渡來人」。儘管這只是關於經書的學習，但由此可知，只要是在大學學習過的人，都多少具備漢語語音的一般知識。

　　《日本國見在書目錄》的小學家類，除了陸法言《切韻》五卷，還著錄了王仁昫、孫愐等人編纂的各種《切韻》改訂版，可見能藉以正確了解漢語語音的文獻，至少在中央朝廷是相當完備的。菅原道真之父菅原是善（812-880）在其晚年的最後階段，還曾把陸法言以後十三家的《切韻》匯編為《東宮切韻》二十卷（已佚）。

二

　　在遷都平安京後不久的九世紀初，日本漢詩迎來了最初的
興盛，時值嵯峨天皇弘仁年間（810-823）。漢詩興盛最有力的
證明，是這一時期出現的三種勅撰漢詩集。首先是《凌雲新集》
（通稱《凌雲集》）一卷，據該書序言，共收有延曆元年（782）
至弘仁五年（814）的詩人二十三人，作品九十首。其次是《文
華秀麗集》三卷，其成書狀況序中沒有明言，據小島憲之氏的
研究，大約成書於弘仁九年（818），[3]依《文選》體例分部收錄
了作者二十六人，詩一百四十八首。第三是《經國集》，有嵯
峨天皇崩殂後淳和天皇天長四年（827）五月十七日的序。和
前兩集不同，該書除了詩以外，還收有賦、序、對策等，不僅
範圍頗有擴展，規模也大大增加，全書多至二十卷。可惜的是
現存只有卷一的賦，卷十、十一、十三、十四的詩，以及卷二
十的對策。

　　這一時期漢詩的特點，值得強調的是七言詩的大量增加。
《懷風藻》裡雖然已有七言詩，但只不過區區六首。而到了《文
華秀麗集》，一百四十八首中竟多達八十六首。（以下論弘仁期
漢詩的傾向，主要以《文華秀麗集》爲據，並根據需要間及另
外兩集。）這說明詩人們的興趣，已從五言詩轉向了七言詩。

　　與詩型同時值得注意的，是詩的題材和創作場合。《文華

---

[3]　《文華秀麗集·解說》，收入《日本古典文學大系》69。以下《文華秀麗
　　集》所收詩作的編號，均據此書。

秀麗集》分爲遊覽、宴集、餞別、贈答、詠史、述懷、豔情、樂府、梵門、哀傷、雜詠等十一個門類，除了梵門，其他都深受《文選》分類的影響。宴集、餞別、贈答不用說是社交性的唱和之作，別的門類詩題中有「奉和」、「應製（制）」（同「應詔」）字樣的作品也極多，此外還有不少用「賦得……」表示「分題」的詩。綜合這些現象，可以說《文華秀麗集》所收的詩和《懷風藻》一樣，主要是在以天皇爲中心的宮廷或貴族們的宅邸創作的唱和之詩。這種共通的性質，在《凌雲集》、《經國集》中也基本不變。

　　《文華秀麗集》的「奉和」、「應制」等唱和詩，仍然多爲五言八句（五律）的形式，但七言四句（七絕）、七言八句（七律）的形式也常被採用。這種現象，說明進入平安朝以後，詩人們的好尙轉向了七言詩。作爲中國文學史的常識，眾所周知七言詩的興盛遲於五言詩，特別是近體詩中的七律，是在初唐後期的宮廷詩人沈佺期（656？-716？）和宋之問（656？-712）手上才定型的。在朝廷、官府唱和時，其形式向來都用五律，但從沈、宋起，七律也作爲一種體式，開始登場。

　　試看這兩人的詩集：沈佺期有〈從幸香山寺，應制〉、〈嵩山石淙侍宴，應制〉、〈守歲，應制〉、〈晦日，奉和幸昆明池，應制〉、〈幸白鹿觀，應制〉等七律應制詩，宋之問也有〈三陽宮石淙侍宴，應制，得幽字〉、〈奉和春初幸太平公主南莊，應制〉、〈奉和春日翫雪，應制〉等作品，宋詩前二首爲七律，後一首爲七絕。這些都是從武則天到中宗治世期間，即公元七世紀末至八世紀初的作品。七絕體的應制詩，數量比七律少，但

一如宋之問詩所示，並不是沒有。儘管如此，兩人應制詩的絕大多數，依然是五言律詩。王維（701-761）等其他宮廷詩人也是一樣。王維作品中，七絕體的類似應制之作，一首也沒有。包括七絕，七言應制、唱和詩凌駕於五律之上的狀況，即使在漢詩故鄉的唐詩中，也從未出現過。

《文華秀麗集》中另一個新出現的引人注目的特色，是作者們各自取了一個好像中國人的姓名，如巨勢識人叫「巨識人」，朝野鹿取叫「朝鹿取」，小野岑守叫「野岑守」，桑原腹赤叫「桑腹赤」，良岑安世叫「良安世」。這在《凌雲集》中還看不到，而《經國集》則和《文華秀麗集》有同樣的現象。此後經過漫長的歲月，江戶的蘐園學派諸子，像物茂卿（荻生徂徠）、服元喬（服部南郭）那樣採用中國式姓名的有點可笑的做法，人們還記憶猶新，其實早在八百多年以前，平安初期的漢詩人就已經有過同樣的嘗試。不用說除了桑以外的巨、朝、野、良等姓，並不見於中國的「百家姓」，這只不過是他們的一廂情願，但當時的人們竭其所能接近漢詩本土水準的種種努力，仍不能不使我們肅然起敬。

日本直接吸收中國的學術、文藝的機緣，無疑與遣唐使的派遣密切相關。八世紀後葉奈良朝後半期，曾四度派出遣唐使。七言詩的流行，或許就是遣唐使們帶來的現象。至少平安初期的詩人們已約略呼吸到新流行的七言詩的馨香，並隨即在詩筵上作了品嘗。例如：《懷風藻》的詩人中，唯一被採錄了兩首七言詩（八句90〈秋日於左僕射長王宅宴〉、十八句89〈在常陸贈倭判官留在京〉）的藤原宇合（馬養），就曾在717年（養

老元年）作爲第九次遣唐副使訪問長安。那麼，詩人們對這股唐詩新風，又在多大程度上消化吸收了呢？要檢討這個問題，還需要先對七律的規則做一番概觀。

七言律詩的構造，只是在五言律詩各句上再加上兩個字，平仄交替的原理基本上和五律相同。現和前文五律一樣，示其形式如下：

〔仄起式〕：

1. ●●○○○●●　　2. ○○●●●○◎

3. ○○●●○○●　　4. ●●○○●●◎

5. ●●○○○●●　　6. ○○●●●○◎

7. ○○●●○○●　　8. ●●○○●●◎

〔平起式〕：

1. ○○●●○○●　　2. ●●○○●●◎

3. ●●○○○●●　　4. ○○●●●○◎

5. ○○●●○○●　　6. ●●○○●●◎

7. ●●○○○●●　　8. ○○●●●○◎

一句中的平仄，不僅應和五律一樣「二四不同」，還要求第二字和第六字的平仄相同，即「二六對」。黏法、對句則與五律別無二致。此外，七律第一句大多押韻，上列圖式對此也完全可以作包容式的解釋。綜述唐代詩法的《文鏡秘府論》，幾乎

沒有涉及七言詩的格式，但察其要旨，不過是在五言詩的各句上再加二字而已，如此理解，當無大礙。爲了把握《文華秀麗集》所收宮廷唱和中七律的運用狀況，下面且以卷下「雜詠部」所收嵯峨天皇（785-852）和桑原腹赤（789-825）的兩首詩爲例，略加檢視：

御製：123〈冷然院各賦一物，得澗底松〉

1. 鬱茂青松生幽澗　2. 經年老大未知霜

3. 薜蘿常掛千條重　4. 雲霧時籠一蓋長

5. 高聲寂寂寒炎節　6. 古色蒼蒼暗夕陽

7. 本自不堪登嶺上　8. 唯餘風入韻宮商

桑腹赤：124〈冷然院各賦一物，得曝布水，應制〉

1. 兼山傑出院中險　2. 一道長泉曳布開

3. 驚鶴偏隨飛勢至　4. 連珠全逐逆流頹

5. 巖頭照日猶零雨　6. 石上無雲鎭聽雷

7. 疇昔耳聞今眼見　8. 何勞絕粒訪天台

某一日，在冷然院（嵯峨帝的後院）舉行的詩會上，事前預備了「澗底松」、「曝（瀑）布水」等三字題目，用抽籤的方法分給與會者，然後各人賦詩，較量才情。詩型大概是採用了七律。緊接在這兩首詩後面的桑原廣田（桑廣田，生卒年不詳）的 125

〈冷然院各賦一物，得水中影，應制〉，也可能是同席之作，但其詩型是五律。也許事前的約定是五律、七律均可，各人隨性而取。

　御製的〈澗底松〉詩題，顯然取自《文選》「詠史」部所收晉朝左思的名作〈詠史〉第二首開頭的句子：「鬱鬱澗底松」。但是，這個詩題是否與左思之句有直接的關聯，大有疑問。因爲白居易〈新樂府〉五十首第二十七首，也題作「澗底松」，同樣是從左思之句獲得的發想。白詩在平安朝文人中風靡一時，是九世紀中葉以後的事，如果認定這首詩是從〈新樂府〉獲得的啓發，就可以視之爲顯示白詩在日本流行及其影響的最早資料之一。初唐沈、宋的詩風和中唐白居易的詩風並行不悖，同受歡迎，實在是意味深長。

　左思〈詠史〉的主題，是以生於谷底的巨松形象，比喻埋沒於世、不爲人知的優秀人材，並把它和生來就享有榮華富貴的貴族子弟相比，來抒發對統治者的怨憤，白居易也一仍其意。左思之作關於松樹本身的描寫，除了最初一句之外，僅有「以彼徑寸莖，蔭此百尺條」兩句；白居易詩開頭說「有松百尺大十圍，生在澗底寒且卑。澗深山險人路絕，老死不逢工度之。」在更加細緻地描繪松樹生長的環境及其形象的同時，也緊扣著社會批判的主題。嵯峨天皇的御製當然也是以描寫松樹自身形象爲指歸的一首詠物詩，詩中的「古色蒼蒼」，也許不能說和白居易的「誰諭蒼蒼造物意」全無關係。

　桑原腹赤的詩也略有可議。其詩題「曝布水」，很可能出自白居易〈新樂府〉第三十一「繚綾」（高級絲綢之意）中的

一句。白居易用「應似天台山上明月前，四十五尺瀑布泉」，來形容絲綢的高貴華美、光彩奪目。白詩以瀑布喻絹，而桑原腹赤則反之，以絹喻瀑布，說「一道長泉曳布開」。我想正因為他了解白詩的原作，才能做出這種幽默風趣、別有會心的「移花接木」。[4]

這樣一來，桑原廣田的〈水中影〉就也可能與白詩有某種關聯。〈新樂府〉第十三「昆明春」描寫南山山影倒映昆明池水的兩句：「春池岸古春流新，影浸南山青浞濚」，說不定就是他發想的藍本。該詩序云「思王澤之廣被」，作為應制之作，恰稱其職。總之，上述諸作，可以說預示了即將到來的白詩風行時代的最初消息。

從平仄的角度來看，御製略有舛訛，首句第六字應為仄聲之處，卻放了個平聲的「幽」字，第四、五兩句失黏。桑原腹赤之作，第六句第六字「聽」雖為平聲，但因第五字「鎮」為仄聲，可作變通處理。因此這首詩應該視為平仄、黏法完全符合七律規則。至於對句，兩詩頷聯、頸聯都屬對工整，無懈可擊。這裡沒有引用的桑原廣田的五言八句，也是平仄、黏法、對句全部符合五律規則。和半世紀以前《懷風藻》的詩人相比，可以說弘仁期的詩人們已相當正確地掌握了律詩作法。尤須注意的是在對句的運用上，像《懷風藻》那樣不問青紅皂白、能對則對的偏頗，已逐漸銷聲匿跡。

要之，弘仁期的詩人們關於律詩的作法，應該說已接近於

---

[4] 「曝布」，一本作「瀑布」。

初唐後期律詩詩型完成的階段。而與此相隔不久，就出現了白居易詩的流行，對此也值得關注。

　　《文華秀麗集》等平安朝初期的漢詩，與《懷風藻》的作品相比，平仄、對句等律詩形式運用已遠爲嫺熟，從這個意義上，可以說有了長足的進步。然而詩歌的宗旨，本在於訴諸情志，發乎心聲。上升到這個層次，我們就不能不對這一時期漢詩的實際效果抱持疑問。其原因之一，是漢詩創作畢竟是外語而非母語。這一時期的漢詩不論技巧如何高明，內容都淡乎寡味，與《萬葉集》中即使作者默默無名也常能感發人心的歌人之作相比，尚遠弗能及。這裡悄然壁立的，是一堵超過漢詩人們個人能力的語言的高牆。當然，平安朝漢詩的成長並未就此止步，但要想看更成熟的平安朝漢詩，還得等待九世紀後半菅原道真（845-903）的登場。

三

　　近世儒者市河寬齋（1749-1820）編輯的《日本詩紀》五十卷，是仿效明人馮惟訥《古詩紀》的體例，把近江朝至平安朝末的日本漢詩依年代順序分收作家作品的集大成之總集，對概覽平安朝漢詩，該書頗爲便利。通觀《日本詩紀》的平安朝漢詩，首先觸及眼目的，是詩型上近體詩（律詩、絕句）極多，而古體詩甚少，而且近體詩又多爲朝廷公宴等場合的唱和、應酬之作。這個現象，說明平安朝漢詩的總體傾向，是即興感發

之作占據了中心地位。

　　從六朝到唐代，近體詩詩型漸趨成熟完備，其時代背景，應是對便於表現即興感發的詩型的需求。但與此同時，我們也必須看到，近體詩的定型，是在和古體詩各顯所長、相輔相成的關係中完成的。古體詩在句數、韻律上較爲自由，不像近體詩那樣戒律繁多、章法森嚴，須加遵守的，只有押韻這一條。唐代詩人們在要表現複雜的思想感情時，即興感發式的短詩型近體詩，往往不足以盡宣其意，因而幾乎都是用古體詩的形式。而他們作爲詩人的本來面目，毋寧說正是在古體詩中才一顯真容。因此，至少唐代一流詩人的詩集中，古體、近體是必然齊備的。

　　正如江戶中期學者江村北海在《日本詩史》（明和四年，1770 年序）中所說的那樣：「中古朝紳詠言，近體間有可錄，古詩殊失其旨。」（凡例）縱觀日本漢詩史，平安朝詩固不必說，從那以後的詩，也基本上是古體詩的水準遜於近體詩。依我個人的看法，日本人古體詩中真正文質兼備、情韻雙美的作品，是到江村北海以後十九世紀前半的文化、文政期才出現的。

　　平安朝的漢詩在數量上完全倒向近體詩，與古體詩的比例大大失衡，對這個現象如果從內容的角度來看，則意味著總體上缺少那種強烈自我主張的富於思想性的作品。然而，平安朝初期的詩人中，與時代潮流背道而馳，較之近體詩更鍾情於古體詩的人，也不是沒有。生活於嵯峨天皇時代，其本人與天皇有密切關係的弘法大師空海（774-835），就是這樣一位特殊的人物。

　　空海的漢詩見於其詩文集《性靈集》，但另外還有若干該
書未收而見於《經國集》的作品，據綜合採錄的《日本詩紀》，
共有四十八首。從作品數量來看，在嵯峨天皇治世的弘仁期詩
人中，僅次於嵯峨天皇的八十七首，但概而觀之，首先引人注
目的是近體詩數量極少。空海漢詩中可以稱之爲近體詩的作
品，只有五律二首、七律五首、七絕八首，共十五首。而其近
體詩中七言詩較之五言詩占壓倒性多數，說明他和其他弘仁期
詩人一樣，對七言詩有所偏嗜。其中應酬、唱和之作或可寓目，
但對象僅限於一人，那種眾人宴集、依分題或分韻等遊戲規則
比試詩才的作品，一首也沒有。如前所述，《懷風藻》以來的
漢詩人們經常在宮廷或貴族的宅邸等社交性場所演練詩藝，而
空海似乎從未置身於這種場合。

　　與近體詩的稀少相反，古體詩、尤其是七言或雜言體的長
篇之作卻很多。例如，長達一百零六句的〈遊山慕仙詩〉（五
言古詩），以及共四十八句的〈贈野陸州歌〉（雜言詩）、共五
十八句的〈喜雨歌〉（雜言詩），都是展示空海其人的代表作。
在同時代詩人中，還找不到能與之匹敵的如此長篇大作。可以
認爲，空海作爲詩人的資質稟賦，與同時代的《文華秀麗集》
的詩人們相比，顯然大相逕庭。

　　這裡且從空海的古體詩中選取共五十一句的雜言體〈入山
興〉，[5]來看看他所作詩歌的特色：

　　　　問師何意入深寒

5　收錄於《經國集》，卷 10、《性靈集》，卷 1。

深嶽崎嶇太不安

上也苦

下時難

山神木魅是為瘴」⁶

君不見

君不見

京城御苑桃李紅

灼灼芬芬顏色同

一開雨

一散風

飄上飄下落園中

春女群來一手折

春鶯翔集啄飛空」

君不見

君不見

王城城裏神泉水

一沸一流速相似」

前沸後流幾許千

流之流之入深淵」

入深淵

轉轉去

何日何時更竭矣

君不見

君不見

九州八島無量人

自古今來無常身

堯舜禹湯與桀紂

八元十亂將五臣

西嬙嫫母支離體

誰能保得萬年春

貴人賤人總死去

死去死去作灰塵

歌堂舞閣野狐里

如夢如泡電影寶」

君知否

君知否

人如此

汝何長

朝夕思思堪斷腸」

汝日西山半死士

汝年過半若尸起

住也住也一無益

行矣行矣不須止

去來去來大空師

莫住莫住乳海子

南山松石看不厭

南嶽清流憐不已

莫慢浮華名利毒

莫燒三界火宅裏

斗藪早入法身里」

這首詩即《性靈集》中〈贈良相公〉詩序所云「三篇雜體歌」
的第一首。（第二首爲〈山中有何樂〉，第三首爲〈徒懷玉〉。）
「良相公」，即參議良岑安世（785-830），三首都以回答良岑安
世提問的方式結構成篇。「入山」的「山」，即高野山。詩的寫

作年代不詳，但空海得嵯峨天皇勅許特賜高野山，時在 816 年
（弘仁七年），而《經國集》的編纂爲 827 年（天長四年），因
此我們只能認定是這十年多一點期間的作品。

　　詩型以七言爲主，間有三言，屬雜言古體詩。一如這類長
篇古詩的通常作法，詩中多有換韻。押韻韻腳爲：寒、安、難、
癉（上平十四寒）／紅、同、風、中、空（上平一東）／水、
似（上聲四紙）／千、淵（下平一先）／人、身、臣、春、塵、
賓（上平十七眞）／長、腸（下平七陽）／士、起、止、子、
已、裏、里（上聲四紙）。

　　一言以蔽之，這首詩在當時的環境下，不啻石破天驚之
作。詩原爲對良岑安世贈詩的酬答，從廣義上說屬唱和詩。安
世原作現在不存，檢《日本詩紀》所收安世詩十三首，其風格
極爲正統，可以想見原作與空海之作當迴異其趣。詩的前半雜
以「君不見」等三言短句，七言蜂擁如長河大川，一氣流注，
特別是通過對高野山險峻的描寫，來詠嘆人生之無常，筆致轉
折跌宕，說它令人聯想到李白的〈蜀道難〉、〈行路難〉等樂府
詩，似非過譽。

　　說到李白，其〈山中問答〉的首句「問余何意棲碧山」，
和空海此詩開頭的「問師何意入深寒」，兩者似有關聯。迄今
爲止的所有注釋，都完全沒有提到李白的影響，但我憑自己的
直感，覺得這應該是空海學李白的一個證據。前文已經談到，
《日本國見在書目錄》雖然錄有《李白歌行集》三卷，但幾乎
找不到平安朝詩人受其影響的痕跡。而空海有遊歷唐土的經
歷，從更廣闊的視野來著眼他和唐代詩人的關係，我想應無大

礙。

再看「京城御苑桃李紅，灼灼芬芬顏色同」以下諸句中蘊含的對歲月如流、人生短暫的詠嘆，也可以聯想到初唐詩人劉希夷（庭芝）的名作〈代悲白頭翁〉的開頭部分。劉庭芝詩從「洛陽城東桃李花，飛來飛去落誰家」起筆，以洛陽城中桃李繽紛、盛極一時，卻轉瞬繁華成空，與少女的青春易逝、容顏驟老兩相對映，敷衍成篇。「洛陽女兒惜顏色，行逢落花長歎息」，容易衰變的，不僅僅是少女的芳華，世上萬事萬物，都無不在時光的逝水之中，荷載著命運的重負，隨波沉浮。「今年花落顏色改，明年花開復誰在？已見松柏摧為薪，更聞桑田變成海。」〈入山興〉前半部分流露的萬物播遷的無常觀，正與劉庭芝此詩多有重合。詩的後半則風味一變，轉為傾吐通過皈依佛教以求超越這流轉無定的現世的堅強意願。

劉庭芝的詩，空海確實曾經讀過。因為《性靈集》卷四有〈書劉庭芝集奉獻表〉，記敘了他抄寫「劉庭芝集四卷」獻呈嵯峨天皇的情況。這部書很可能是空海最先攜來日本的。可以說，空海是從與他同時代的其他詩人幾乎無從具備的切身的中國體驗中，才獲取這種藝術感覺的。

緊隨其後的〈山中有何樂〉，從內容來看，應該是〈入山興〉的續篇。較之前作，這首詩更進一步深入佛法的世界，強調了自己長住這深山老林的積極意義，故末句云「太虛寥廓圓光遍，寂寞無為樂以不。」而且，首句的「山中有何樂」，也彷彿是六朝梁代道士陶弘景回答南齊高帝問話時作的五言四句詩首句「山中何所有」（一說為陶淵明作）的東瀛傳響，這

一點同樣是迄今爲止的注釋未曾提及的。讀空海的古體詩，中
國詩人的投影和回聲，就是這樣隱約可感，但和他關係密切的
嵯峨天皇詩中那種對白居易詩的直接承傳，空海詩中卻難覓蹤
影。

　　總之，弘仁期詩人的作品，大多是社交場合的應酬之作，
詩型則多爲五律、七律、七絕，像空海那樣規模宏大、直抒胸
臆的古體詩，十分罕見。而空海作爲逆潮流而動的弄潮兒，對
近體詩僅淺嘗輒止，他的詩人情愫，幾乎都傾注給了古體詩，
從而留下大量古體詩作。在日本漢詩人中，空海也許可以算做
一個罕有其儔的另類。

　　儘管空海的詩具有這種與同時代眾多詩人迥不相類的特
殊性質，但他在當時詩壇畢竟只是旁枝側流，因而對後世詩風
未能產生什麼影響。可是，如果按照平安朝漢詩人所尊崇的唐
詩基準，所謂詩人，只有近體、古體兼擅，並由此構築自己獨
有的文學世界，才能稱作真正的詩人。空海對古體詩的嘗試，
其藝術造詣雖然還不能說已登堂入室，但他孤軍奮戰的身影，
映現出同時代詩人的重大欠缺，卻也是不爭的事實。

　　在平安朝詩壇，無論質還是量都令人稱異的優秀詩人，是
遲於空海一個世代的菅原道真。道真在他不到六十年的生涯
中，留下了五百一十四首詩作。[7]如此龐大的創作數量，在他
以前無疑是聞所未聞的。

　　道真從本質上當然應該說是一個宮廷詩人，所以他的詩中

---

[7] 據川口久雄校注：日本古典文學大系 72：《菅家文草・菅家後集》（東京：
　　岩波書店，1966 年）。

有大量宮廷唱和、應酬之作，也就不足爲怪。而相對於五言詩的一百一十三首，七言詩多達四百首以上，則可以說是弘仁期以來詩風好尙的產物。他的作品中，古體詩的數量似乎有點微不足道。但他中年時期的五言古詩〈博士難〉，抒寫了因身爲文章博士而遭受種種誹謗的無限悲憤；七言古詩〈詩情怨〉，則噴吐了對自己的詩作遭到無端中傷的滿腔怒火；這些都顯然是近體詩無法表現的主題，而不得不借助古體長篇一訴衷腸。這種作法或許大多學自白居易，但因主題有異而分取古體或近體，道真心目中應該已經有了這樣明確的意識。同爲這一時期的作品，還有他傾訴對幼子夭折的切切哀思的七言古詩名作〈夢阿滿〉。

　　道真因受藤原時平的讒毀，在九州太宰府貶謫之地度過不幸晚年的最後兩年間的作品，均收錄於《菅家後草》。這一時期的作品特別值得注意的，是道真全部作品中罕見的長篇古詩，屢現於其筆端。例如，道真作品中最長的五言古詩〈敘意一百韻〉，從充滿辛酸的太宰府遷謫之旅發端，細致描寫了謫居之地每日難以驅逐的鬱悶無聊，並回顧了自己惹禍遭災的一生，可以視爲他希求後人給以理解的一份遺書。大岡信氏評論這首詩說：「道真漢詩這種描寫的細膩和形象的感召力，在用大和語言創作的詩歌史上，那些平安勅撰集當然不必說，其他的詩歌集裡，也從來沒有看到過。」[8]切中肯綮，可謂的評。

　　此外，〈哭奧州藤使君〉（四十韻），是他從妻子的信中，

---

[8]　大岡信：《詩人菅原道真─翻案的美學》（東京：岩波書店，1989 年）。

得知曾同僚共事的友人藤原滋實在北方的窮鄉僻壤死於非命
的消息後，在悲嘆友人不幸命運的同時，更對陷其於死地的官
僚社會發出了憤怒的抨擊。因詩中映有道真自身命運的投影，
所以詩的內容更顯得充實、激切。七言古詩〈詠樂天北窗三友
詩〉，則對曾經是自己人生唯一樂趣的詩，現在卻只能用來抒
悲寫愁，而感到哀傷難抑。現引錄該詩於下：

> 白氏洛中集十卷，中有北窗三友詩。
>
> 一友彈琴一友酒，酒之與琴吾不知。
>
> 吾雖不知能得意，既云得意無所疑。
>
> 酒何以成麴和水，琴何以成桐播絲。
>
> 不須一曲煩用手，何必十分便開眉。
>
> 雖然二者交情淺，好去我今苦拜辭。
>
> 詩友獨留真死友，父祖子孫久要期。
>
> 只嫌吟詠涉歌唱，不發于聲心以思。
>
> 身多忌諱無新意，口有文章摘古詩。
>
> 古詩何處閑抄出，官舍三間白茅茨。
>
> 開方雖窄南北定，結宇雖疎戶牖宜。
>
> 自然屋有北窗在，適來良友穩相依。
>
> 無酒無琴何物足，紫燕之雛黃雀兒。

燕雀殊種遂生一，雌雄擁護遞扶持。

馴狎燒香散華處，不違念佛讀經時。

應感不嫌又不厭，且知無害亦無機。

喃喃嘖嘖如含語，一蟲一粒不致飢。

彼是微禽我儒者，而我不如彼多慈。

尚書右丞舊提印，吏部郎中新著緋。

侍中含香忽下殿，秀才觚筆尚垂帷。

自從勅使駈將去，父子一時五處離。

口不能言眼中血，俯仰天神與地祇。

東行西行雲眇眇，二月三月日遲遲。

重關警固知聞斷，單寢辛酸夢見稀。

山河邈矣隨行隔，風景黯然在路移。

平致讁所誰與食，生及秋風定無衣。

古之三友一生樂，今之三友一生悲。

古不同今今異古，一悲一樂志所之。

　　道真在遠離宮廷社交場所之後，才得以用古體詩的形式，開拓與其既往作品截然不同的嶄新的詩歌境界。太宰府的貶謫對道真個人的人生來說，確實是大不幸，但對日本漢詩史而言，卻由此獲得了一個劃時代的成果。歐陽修評梅堯臣云：「非

詩之能窮人，殆窮者而後工也。」(《梅聖俞詩集序》) 這句話用於道真，也堪稱恰如其人。

大江匡房的〈詩境記〉：

十一世紀日本人所寫的中國詩略史

後藤昭雄[*]著、黃秀敏[**]譯

一

　　大江匡房[1]（1041-1111）是日本古代後期代表性的文人，著有〈詩境記〉一篇（《朝野群載》[2]卷三）。此文就「境」之字義，虛構爲一個國家、空間，敘述詩歌於該「詩境」中制作之情況。敘述雖然簡略，但卻是始於《詩經》，終於晚唐的中國詩歌略史。

　　日本古代後期知識分子如何理解中國詩歌史，實可透過〈詩境記〉來觀察。首先徵引〈詩境記〉全文如下：

　　　　夫詩境者，無水土山川，無人民戶邑，又不知在何方面。

---

[*] 日本國立大阪大學文學部文學研究科教授。

[**] 日本國立東北大學碩士，中央研究院特約翻譯員。

[1] 大江匡房：平安後期的漢學者、歌人（和歌詩人）大江匡衡的曾孫，稱爲江帥。仕於後冷泉、後三條和堀河三朝，正二位權中納言，有紀錄其談話的《江談抄》。又本論文原無註釋，所有註釋均係譯者所加。

[2] 《朝野群載》：將平安時代的作品，按詩文、詔敕、宣命、對策、牒書、公文、吏牒等分類、編輯成的書。三善爲康編。書中有永久四年（1116）之自序，原爲 30 卷，其中 9 卷已散佚。

瞥然而至，倏忽而往，至其佳境，難中之難也。以翰墨為場，以感傷為俗。花月輪租稅，煙霞代封祿。桃李施不言之化，蘭菊飽惟馨之德。不聞風塵之變，不看露霧之侵。情動於中，言形於外。詠歌之不足，故嗟嘆之，嗟嘆之不足，故不知手之舞之，足之蹈之。起於「四始」，創於「六義」。〈周南〉、〈召南〉者，風之始也。言者無罪，聞者足□以戒。《詩》三百篇，大概聖賢發憤之所作也。古詩之體，今則取賦名。聯句出於柏梁，五言成於李陵。自漢至宋，四百餘載，詞人才子，文體三變。後漢之代，張平子為其魁帥。魏文帝昔到其邊鄙，曹子建、王仲宣為先導。司馬氏之化，陸機、陸雲、潘安仁、左太沖，承為著姓。宋明帝、隋煬帝，並欲慰納，與其豪□。鮑明遠、薩（薛）道衡等爭禮，遂不內屬。梁時，沈約新造法律，以副音韻。後人祖述，又定八病八對。□上官儀輩避其半。唐太宗時掌其地，自今以後，王、楊、盧、駱、杜甫、陳子昂之屬，□□其句；近世白樂天、元微之，改風易俗，新立政令，人大妙之，是為元和之體。章孝標、許渾、杜荀鶴、溫庭筠等皆相隨之。□人作瑠璃臺，苟定人階品，世不用之。我朝起於弘仁承和，盛於貞觀延喜，中興於承平天曆，再昌於長保寬弘。應謂則三十餘人，略其英，莫不過六七許輩。

二

以下嘗試將其加上適當的斷句並略作說明：

> 夫詩境者，無水土山川，無人民戶邑，又不知在何方面。瞥然而至，倏忽而往，至其佳境，難中之難也。

那詩境無水土山川，無人民戶邑，又不知在哪個方向。轉眼而至，疾速而去，欲達此佳境，卻是難中之難。「詩境」在此「記」中，附會於「境」之字義，架構爲一個空間、國家。像這樣把精神上的活動置換至另一空間，即此「記」之構想、結構，連同〈詩境記〉這個標題，皆仿照初唐・王績[3]的〈醉鄉記〉。以下引〈醉鄉記〉的開頭至中段，以作爲對照：

> 醉之鄉，去中國不知其幾千里也。其土曠然無涯，無丘陵阪險。其氣和平一揆，無晦明寒暑。其俗大同，無邑居聚落。其人甚精，無愛憎喜怒。吸風飲露，不食五穀。其寢于于，其行徐徐，與鳥獸魚鱉雜處，不知有舟車械器之用。

王績此文是將醉意比擬爲「醉鄉」此一空間，並發揮成文。此「記」在《文苑英華》[4]一書中，是收錄於卷八百三十三「寓

---

[3] 王績（585-644）：隋、唐間文人。字無功，號東皋子。性嗜酒，被稱為斗酒學士，著有《東皋子集》。

[4] 《文苑英華》：文集，一千卷，李昉等奉宋太宗之敕撰，成於 987 年。本書是試圖繼踵《文選》而編纂的，收錄梁末至唐代之文。為宋代四大書之一。

言」類，「寓言」一詞，正充分說明了此文之性質。

〈詩境記〉的「無……，無……，又不知……」的文章結構，無疑是仿照〈醉鄉記〉的。又，將「詩境」之「境」字，比擬爲空間的想法，亦可於〈醉鄉記〉中見之。

首先，談談匡房其人。在記錄其言談的《江談抄》[5]中有如下的文字：

> 又大府卿談曰：仲題（〈秋未出詩境〉）齊名作：「霜花後乘詞林裏，風葉前驅筆驛程。」至於下七字，風之驅葉涉前驅之義，尤有興。霜花後乘，甚無以由。

與前引同題之句，在《作文大體》中有同樣著名的「不置關城終可去，縱無歸路欲妨行」之句。在《江談抄》中，即前引文字之前，引用了大江以言的「文峰案轡白駒影，詞海艤舟紅葉聲。」因此最前面《江談抄》所引齊名的一聯，包含著「後乘」、「前驅」、「筆驛程」等詞句，並將「詩境」作爲具體空間來歌詠，是容易理解的。

又比這些一條朝[6]詩人晚一些，在永承6年（1051）3月的《侍臣詩合》中，以「詩境惜暮春」之題歌詠的，有源隆俊的「遮月雲關風雅裏，駐花露驛醉吟程」，及藤原資仲的「詠風強駐雲關裏，嘯月苦拘露驛程」等詩例。「雲關」、「駐」、「露

---

[5] 《江談抄》：由藏人藤原實兼筆錄大江匡房的談話，共6卷。記載平安中期以後的公事、攝關家、神佛和雜事等。

[6] 一條天皇（986-1011）：第66代天皇。名懷仁，是円融天皇的第一皇子。986年即位，在位25年。

驛」、「程」等措辭，皆將「詩境」作為一個空間來掌握，並以
此為關鍵意象構思相關語彙。

　　　以翰墨為場，以感傷為俗。花月輸租稅，煙霞代封祿。

「以翰墨為場」見於劉宋・謝瞻〈張子房詩〉：「濟濟屬車士，
粲粲翰墨場」，以及杜甫〈壯遊〉的「往昔十四五，出遊翰墨
場」等詩句。

　　白居易曾將自己的作品分類為諷諭詩、閑適詩和感傷詩。
提到「感傷」畢竟還是會想起其「感傷」吧！此若按詩人自己
的定義，則是「有事物牽於外，情理動於內，隨感遇而形於歎
詠者一百首，謂之感傷詩。」[7]

　　「花月輸租稅」在「詩境」中，是以「花月」繳納租稅之
意。「輸」是「租稅」這一律令詞的相關語。「戶令」的「戶逃
走」條作「凡戶逃亡……，租調代輸」，「田令」的「田長」條
作「凡田租準國土收穫之早晚，自九月中旬起輸。」

　　在「詩境」中作為「租稅」被「繳納」的「花月」，是引
起詩興的自然景物的代名詞，但將「花月」以這種方式掌握，
並將其與律令詞一起造句的先例，則見於匡房之曾祖父匡衡[8]
的詩中。在其再度被任命為尾張[9]守的〈冬日於州廟賦詩〉（《江
吏部集》卷中）一詩中，有「洛下親朋莫拋我，欲填月稅與花

---

[7] 引文見白居易：〈與元九書〉，《白氏文集》，卷28。

[8] 大江匡衡（952-1012）：平安後期的漢學者、歌人（和歌詩人）、文章博士。
　一條天皇的侍讀、侍從。著有《江吏部集》。

[9] 尾張：舊國名，位於今愛知縣西部。

祖」之句。

　　「煙霞代封祿」，「煙霞」與對義詞「花月」同為引發詩興的大自然之意。將「煙霞」如此吟詠的例子，早在菅原道真[10]〈憶諸詩友兼奉寄前濃州田別駕〉（《菅家文章》卷四）一詩中，已有寄給島田忠臣的「君先罷秩閑多暇，日月煙霞任使令」之句。

　　又將「花月」和「煙霞」作為對義詞的先例，在匡房的曾祖父匡衡的〈暮春應制〉（《江吏部集》卷上）一詩中，已有「煙霞得境若應惜，花月有時誰不叨」之句。

　　　桃李施不言之化，蘭菊飽惟馨之德。

此句乃描寫盛開於「詩境」中的草木，及大自然化育萬物之德行。上句是根據眾所周知的〈李將軍列傳〉（《史記》卷一百九）太史公論斷部份所引用的諺語：「桃李不言，下自成蹊」。下句「馨」之意為「香」，《藝文類聚》卷八十一「菊」類所收晉代王淑之的〈蘭菊銘〉，有「蘭既春敷，菊又秋榮。芳薰百草，色豔群英。孰是芳質，在幽愈馨」之語。「惟馨」出自於《尚書》卷十八〈君陳〉篇：「至治馨香，感于神明。黍稷非馨，明德惟馨。」

　　　不聞風塵之變，不看露霧之侵。

「風塵之變」指兵亂，《晉書》卷五十七〈陶璜傳〉有「夫風塵之變，出於非常」之句。「露霧之侵」則指因寒氣入侵身體

---

[10] 菅原道真：平安前期的學者、政治家。是善之子。其詩文收錄於《菅家文章》、《菅家後集》中。

而生病。「詩境」太平寧和，本與戰亂、疾病等無涉。

> 情動於中，言形於外。詠歌之不足，故嗟嘆之，嗟
> 嘆之不足，故不知手之舞之，足之蹈之。

此段無疑出自被認爲是卜子夏所寫的〈毛詩序〉（《文選》卷四
十五），即所謂〈詩大序〉中論述詩之定義的部分：「詩者，志
之所之也。在心爲志，發言爲詩。情動於中而形於言，言之不
足，故嗟嘆之。嗟嘆之不足，故永歌之。永歌之不足，不知手
之舞之，足之蹈之也。」

> 起於「四始」，創於「六義」。

「四始」是《詩》的四個起源，即風、小雅、大雅、頌，也可
視爲《詩經》的四個範疇。〈毛詩序〉作：「是以一國之事，繫
一人之本，謂之風。言天下之事，形四方之風，謂之雅。雅者，
正也，言王政之所由廢興也。政有小大，故有小雅焉，有大雅
焉。頌者，美盛德之形容，以其成功告於神明者也。是謂四始，
詩之至也。」「六義」是《詩》的六個原則，這也是眾所周知
的，此語同樣出於〈毛詩序〉，其文曰：「《詩》有六義焉，一
曰風，二曰賦，三曰比，四曰興，五曰雅，六曰頌。」此外，
將「四始」和「六義」以對偶的形式使用的，見於劉勰《文心
雕龍・明詩》：「自商暨周，雅頌圓備。四始彪炳，六義環深。」
《文選》卷五十《宋書・謝靈運傳論》中則有「夫志動於中，
則歌詠外發。六義所因，四始攸繫。升降謳謠，紛披風什」之
句。

〈周南〉、〈召南〉者，風之始也。

〈周南〉、〈召南〉是《詩經・國風》十五卷中最初的兩卷。在
《詩經》的古注中，通常將此二卷稱爲「正風」，其餘各卷則
稱爲「變風」，以示區別。在《論語・陽貨》中，孔子曾說過
這樣的話：「子謂伯魚曰：『女爲〈周南〉、〈召南〉矣乎？人而
不爲〈周南〉、〈召南〉，其猶正牆面而立也與。』」此處「〈周
南〉、〈召南〉者，風之始也」的文字，亦引用〈毛詩序〉的辭
句，是將〈毛詩序〉接近末尾部分的「〈周南〉、〈召南〉，正始
之道，王化之基」和其開頭的「〈關雎〉，后妃之德也，風之始
也」二者，加以繫連成句的。

言者無罪，聞者足□以戒。

此句解說《詩》的功用，亦係原封不動地使用〈毛詩序〉中「上
以風化下，下以風刺上，主文而譎諫。言之者無罪，聞之者足
以戒，故曰風」之成句。

以上敘述《詩》之定義、起源和功用等部分，全部借自〈毛
詩序〉之措辭，加以組織安排而成。

《詩》三百篇，大概聖賢發憤之所作也。

在《史記》卷一百三十〈太史公自序〉中，說明正因爲處於逆
境，才有出色的著作產生。此處使用太史公舉例證明發憤著書
諸說中的一例：「《詩》三百篇，大抵聖賢發憤之所爲作也。」

自此以下，敘述詩的發展史：

古詩之體，今則取賦名。

梁昭明太子〈文選序〉引〈詩大序〉說明「詩有六義」，並舉出從「一曰風」到「六曰頌」等「六義」。又說「至於今之作者，異乎古昔」，並舉出「古詩之體，今則全取賦名」一例，亦即《詩經》中將詩的表現方法之一稱為「賦」，現在卻作為文體之專名（賦體）。此句是原封不動地使用〈文選序〉之文字。

　　　聯句出於柏梁，五言成於李陵。

前句是根據《文心雕龍・明詩》：「聯句共韻，則柏梁餘製」，後句則是根據《詩品・序》的「逮漢李陵，始著五言之目矣。」「柏梁」是漢武帝所築的柏梁臺。《古文苑》卷八，收錄了元封三年（西元前 108 年）召集善於作詩的群臣於柏梁臺所作的七言聯句。

　　　自漢至宋，四百餘載，詞人才子，文體三變。

在《宋書・謝靈運傳論》中作「自漢至魏，四百餘年，辭人才子，文體三變」，此處僅略為改變文字而已。將「辭人」改為「詞人」，而「詞人才子」則係根據〈文選序〉的文字。

　　　後漢之代，張平子為其魁帥。

此為「三變」之一。「張平子」是張衡，「魁帥」是首領。關於張衡，《宋書・謝靈運傳論》在略述詩歌發生以來的詩史後，又說：「平子艷發，文以情變，絕唱高蹤，久無嗣響。」《文心雕龍・明詩》則在普遍觀察各時代詩風後，作出總結中提及：「故平子得其雅」。此外，〈明詩〉中又有：「至於張衡怨篇，

清典可味；仙詩緩歌，雅有新聲」之句。

　　魏文帝昔到其邊鄙，曹子建、王仲宣為先導。

此為「三變」之二。引文中的「邊鄙」是「詩境」所指的國之邊境，並談到魏文帝去那裏時，曹子建（曹植）和王仲宣（王粲）擔任嚮導，亦即暗指此二人扮演使曹魏文運興隆之先驅者的角色。《文心雕龍・明詩》則曰：「暨建安之初，五言騰踊。文帝、陳思，縱轡以騁節，王、徐、應、劉，望路而爭驅。」「陳思」指陳思王曹植，「王」則指王粲。又關於建安文風，〈詩品序〉曰：「降及建安，曹公父子，篤好斯文；平原兄弟，鬱為文棟；劉楨、王粲，為其羽翼。」「平原兄弟」是指平原侯曹植和其兄文帝曹丕。此外，於建安詩人中特別標舉曹植和王粲之例，又如《文心雕龍・明詩》於概論各代詩風後，總結曰：「兼善則子建、仲宣」。又《宋書・謝靈運傳論》中曾提出：「自漢至魏，四百餘年，辭人才子，文體三變」之說，並論及魏之著名作者及其文風曰：「子建、仲宣以氣質為體，並標能擅美，獨映當時。」

　　司馬氏之化，陸機、陸雲、潘安仁、左太沖，承為著姓。

此為「三變」之三。在司馬氏的晉代，此四人在「詩境」之「國」中是「著姓」。「著姓」即有名的門第。例如前文提及的張衡，在《後漢書》本傳中，作「衡，字平子。南陽西鄂人也。世為著姓。」關於陸機以下四人，〈詩品序〉曰：「爾後陵遲衰微，迄於有晉。太康中，三張、二陸、兩潘、一左，勃爾復興，踵武前王，風流未沬，亦文章之中興也。」其中，「二陸」是陸

機及其弟陸雲；「兩潘」之一爲潘岳，即潘安仁；「一左」指左思，即左太沖。又《文心雕龍・明詩》說；「晉世群才，稍入輕綺。張、潘、左、陸，比肩詩衢」，則去陸雲而取張協。

　　以上，雖云「文體三變」，但作爲其典據的《宋書・謝靈運傳論》在論及「文體三變」後曰：「相如工爲形似之言，二班長於情理之說，子建、仲宣以氣質爲體」，說明「文體」，即詩文風格之變化，而在〈詩境記〉中所敘述的只是三個文運之隆盛期。「文體三變」這個主題，與以下之論述呈現分離狀態，也逐漸成爲其表現內容與期待不一致的原因。以上論述大致以中國文學史之論著爲基礎。

　　　　宋明帝、隋煬帝，並欲慰納，與其豪□。鮑明遠、薩（薛）
　　　　道衡等爭禮，遂不內屬。

「並欲慰納，與其豪□」，因有缺字，無法充份理解，但後文還會論述。「薩」與「薛」二字因形近而常遭混用。宋明帝是匡房之筆誤，應作「文帝」，文帝是宋的第三代皇帝。鮑明遠即鮑照，他曾在文帝身邊擔任中書舍人。與此二人有關的記載，見於《南史》卷十三，〈臨川烈武王道規傳〉：

　　　　文帝以爲中書舍人。上好爲文章，自謂人莫能及，照悟
　　　　其旨，爲文章多鄙言累句。咸謂照才盡，實不然也。

又關於薛道衡，《隋書》卷五十七本傳中述及其惹惱煬帝之段落，大概與此「記」之記述符合吧！

　　　　煬帝嗣位，轉番州刺史。歲餘，上表求致仕。帝謂內史

侍郎虞世基曰：「道衡將至，當以秘書監待之。」道衡
既至，上〈高祖文皇帝頌〉，其詞曰：「……（頌略）」
帝覽之不悅，顧謂蘇威曰：「道衡致美先朝，此〈魚藻〉
之義也。」於是拜司隸大夫，將置之罪。道衡不悟。司
隸刺史房彥謙素相善，知必及禍，勸之杜絕賓客，卑辭
下氣，而道衡不能用。會議新令，久不能決，道衡謂朝
士曰：「向使高熲不死，令決當久行。」有人奏之，帝
怒曰：「汝憶高熲邪？」付執法者勘之。道衡自以非大
過，促憲司早斷。暨於奏日，冀帝赦之，勅家人具饌，
以備賓客來候者。及奏，帝令自盡，道衡殊不意，未能
引決。憲司重奏，縊而殺之，妻子徙且末。時年七十。
天下冤之。

文帝是煬帝之父。〈魚藻〉是《詩經‧小雅》之一篇，內容為
諷幽王之政事，並追慕往古武王之美政。對於弒父繼承王位的
煬帝而言，〈文皇帝頌〉必定是干犯忌諱的。

　　記錄在《江談抄》中如下的言談，與「記」的這段敘述有
密切關係：

雖賢人君子，文道之諍論，和、漢共有事也。宋明帝與
鮑明遠爭於文章之間，明帝其性甚為凶惡也。鮑明遠思
己必見殺，故而自貶。時人曰：文衰也云云。隋煬帝與
薛道衡爭文章之間，薛道衡遂被殺云云。

匡房在此，也與〈詩境記〉中相同，把文帝和明帝弄錯了。但
是正因為是談話，更能傳達其旨趣。

　　在此，若思考〈詩境記〉中此一條項之意，則包含缺字的「豪□」，在〈詩境記〉中應該指豪家、豪門、豪雄，即文豪之意。宋文帝、隋煬帝招納「詩境」中的文豪，欲引入自己勢力之下，但是他們卻不肯順從其意。「內屬」是投降成為屬國。當然，在此是將「詩境」比擬成一個空間，是符合此「記」之主題而挑選的文字。

　　　　梁時，沈約新造法律，以副音韻。後人祖述，又定八病八對。□上官儀輩避其半。

所謂「沈約新造法律」是指沈約主張四聲說。在此指的是「詩境」的「法律」。沈約主張四聲說之事，《南齊書》卷五十二〈陸厥傳〉曰：

　　　　永明末，盛為文章。吳興沈約、陳郡謝朓、琅邪王融以氣類相推轂。汝南周顒善識聲韻，約等文皆用宮商，以平上去入為四聲，以此制韻，不可增減，世呼為「永明體」。

在日本，空海的《文鏡秘府論・序》[11]作「沈侯、劉善之後，王、皎、崔、元之前，盛談四聲，爭吐病犯。」「沈侯」即沈約、「劉善」是隋・劉善經，「王」以下是唐代的王昌齡、釋皎然、崔融、元兢。此外，《文鏡秘府論・天卷》又立「四聲論」之目，並加以詳細地論述，且指出：「宋末以來，始有四聲目，

---

[11]《文鏡秘府論》：漢詩文之評論書，共6卷，空海編著，約成於819-820年，取六朝及唐代詩文之評論和格式之樞要，是評論聲韻、體勢、對偶、文意、聲病和屬對之專書。

沈氏乃著其譜。」沈約著《四聲譜》一事，也被特別標舉出來。

說明「八病」現存最古的資料即為上述的《文鏡秘府論》。但是，空海在其著作中詳細說明的不是「八病」，而是「文二十八種病」（西卷）。「二十八種病」中的第一到第八才是八病。八病指的是平頭、上尾、蜂腰、鶴膝、大韻、小韻、傍紐、正紐。而在〈詩境記〉前後的日本著作中，曾述及「八病」者有《口遊》、《作文大體》，及稍後的《二中歷》，[12]這些書籍中所談的「八病」，皆與《文鏡秘府論》一致。

相對於意義較為確定的「八病」，「八對」的意義顯得變化不定。首先，在《文鏡秘府論·東卷》中，有「論對」之條，該條中舉出「二十九種對」。這是從中國的詩歌格式中加以取捨選擇而定的，並由好幾個「群體」所形成，先前的「二十八種病」，是以前舉八種為一個「群體」，而「二十九種對」則以十一種為一個「群體」。在曾提及「對」的書籍中，《口遊》與成簣堂文庫本《作文大體》舉出「七對」，《作文大體》觀智院本和後來的《二中歷》則舉出「八對」。

上官儀是初唐貞觀時期的詩人。他對詩病、對句有獨特的見解。關於詩病，《文鏡秘府論·西卷》「文二十八種病」第十五曰：「齟齬病」，其中曾引上官儀之言曰：「犯上聲是斬刑，去、入亦絞刑。」關於對句，則在劉宋·李淑的《詩苑類格》（《詩人玉屑》卷七所引）中有「唐上官儀曰：詩有六對」的

---

12 《二中歷》：類聚了掌中歷和懷中歷的書。據傳是平安末期算學博士三善為康所撰，其實是鎌倉末期所編的。此書共 13 卷，是立了神代、人代、佛聖、大佛、乾象、坤儀、官職、醫方等八二目的辭典，為漢字研究的專書。

記載，由此可見六對被引用的情形。

> 唐太宗時掌其地，自今以後，王、楊、盧、駱、杜甫、
> 陳子昂之屬，□□其句。

「其地」即指「詩境」。「王、楊、盧、駱」指王勃、楊炯、盧
照鄰、駱賓王等四人。將此四人視為初唐武后時代的代表詩
人，並取其姓而視為齊名者有《舊唐書》卷一百九十上〈楊炯
傳〉，此處即仿其用例。《舊唐書・楊炯傳》云：

> 炯與王勃、盧照鄰、駱賓王以文詞齊名，海內稱為「王、
> 楊、盧、駱」，亦號為「四傑」。

陳子昂（661-702）是初唐詩人，其活躍年代在盛唐的杜甫
（712-770）之前。那麼，此一短文究竟想表達什麼呢？由於引
文關鍵之處有所缺漏，故無法明確指出。

> 近世白樂天、元微之，改風易俗，新立政令，人大妙之，
> 是為元和之體。

「改風易俗」是將《禮記・樂記》的「移風易俗」一語，稍作
改變而使用。白居易和元稹確立被稱為「元和體」的詩風，一
新「詩境」的風格，並訂定新政令來改變詩風。《舊唐書》卷
一百六十六〈元稹傳〉曾有關於「元和體」的記載：「稹聰警
絕人，年少有才名，與太原白居易友善。工為詩，善狀詠風態
物色，當時言詩者稱元、白焉。自衣冠士子，至閭閻下俚，悉
傳諷之，號為『元和體』。」

> 章孝標、許渾、杜荀鶴、溫庭筠等皆相隨之。

上述四位詩人中，只有章孝標是中唐詩人，許渾以下三人皆爲晚唐詩人。溫庭筠與李商隱齊名，並稱「溫、李」。許渾、杜荀鶴、溫庭筠三人，皆被視爲晚唐代表詩人。只有章孝標之生卒年不詳，據說詩也僅有「一卷」（《全唐詩》），在當時可說是沒沒無聞的小詩人。而此處竟也述及這樣的詩人，這大概是根據日本那個時代獨特的評價吧。

　　□人作瑠璃臺，苟定人階品，世不用之。

「瑠璃臺」是以琉璃裝飾的臺。在〈詩境記〉的文脈中，指的是在「詩境」製作以琉璃裝飾的臺。而其確切所指之意，則由與下句之關聯推測，在此可能是指蓮座。令人想起藤原公任[13]的和歌理論專著《和歌九品》，即是依據佛教的九品蓮臺架構而成。我想此處指的是將詩人評定等級，並論其優劣。

　　作爲評論詩人流品的書籍，馬上令人想起在此之前常常引用的梁鍾嶸的《詩品》，但在此應非指此書。若從此「記」之敘述順序來看，此處應論及晚唐，難道當時也編述了類似性質的詩論專書？此處也因缺字而妨礙充分的理解，然而，即使如上述之推論，這樣的專著今天也不存在了。

13　藤原公任（966-1041）：平安中期的歌人，通稱四條大納言。諸藝兼備，
　　爲詩、歌、管絃三船之才，後出家。撰有《和漢朗詠集》、《拾遺抄》等著
　　作。

三

　　本文一方面釐清〈詩境記〉中作爲典據的原始資料，一方面則就中國詩史之展開做深入的考察。以下試將各個時代被推舉爲具有代表性的詩人，整理如下：

　　西漢：李陵

　　東漢：張衡

　　魏：文帝、曹植、王粲

　　西晉：陸機、陸雲、潘岳、左思

　　劉宋：鮑照

　　隋：薛道衡

　　梁：沈約

　　唐：上官儀、王勃、楊炯、盧照鄰、駱賓王、陳子昂、
　　　　杜甫

　　近世：白居易、元稹、章孝標、許渾、杜荀鶴、溫庭筠

這是根據大江匡房的評價。但是究竟應該如何判斷這種評價，以下試著使用其他的指標來加以驗證。

　　首先是兩種圖書目錄。藤原佐世於九世紀末所編纂的《日

本國見在書目錄》，[14]爲當時的宮廷藏書目錄。有詩集被收錄的詩人如下：

曹植：《魏曹植詩集》三十卷

鮑照：《鮑照集》十卷

沈約：《沈約集》百卷、，《沈約八詠》一卷

上官儀：《上官儀集》三十卷

王勃：《王勃集》三十卷、《新注王勃集》十四卷

楊炯：《楊炯集》三十卷

盧照鄰：《盧照鄰集》二十卷、《幽憂子集》十卷、《盧昇之集》一卷

駱賓王：《駱賓王集》十卷

陳子昂：《陳子昂集》

白居易：《白氏文集》七十卷、《白氏長慶集》

元稹：《元氏長慶集》二十五卷

藤原通憲[15]（1105-1159）是古代末期的代表性學者，也是

14　《日本國見在書目錄》：書籍目錄，藤原佐世著，1卷。成於891年。分為《易》、《尚書》、《詩》、《禮》、農、小說、兵家等四十類。記載當時所存日本漢籍一五七九部，一萬六七九零卷的書目。

15　藤原通憲：平安後期的廷臣，官至少納言，以博學聞於世。薙髮後稱為信西，曾參與後白河天皇的機密，有《本朝世紀》，《日本紀注》等著作。

藏書家，留有《通憲入道藏書目錄》。在其目錄中記錄有以下四人的詩集：《王勃集》一帖、《白氏文集》、《章孝標集》卷上、《杜荀鶴集》一卷。從這本目錄中可以歸納出以下兩點：

（一）　在漢、魏、晉代，除了曹植，沒有詩集被紀錄。
（二）　初唐詩人則大體上皆有詩集被收錄。

　　《通憲入道藏書目錄》因係個人的藏書目錄，故中國詩集的記載較少，但是其中收有《章孝標集》、《杜荀鶴集》，此事相當值得注意。

　　其次，試觀察在日本古代的漢詩文中，這些詩人是以怎樣的面目出現：

李陵：被匈奴捕捉，懷著望鄉之情，歿於胡地。

> 李都尉思霜中動，班婕妤詞雪裏生。鄉國可迷霜一色，關河不限雪千程。（菅原定義〈詩情被月催〉，《教家摘句》）

文帝：「文章，經國之大業」的主要倡導人。同時也是舉行三月三日曲水宴、九月九日菊酒會等風流韻事的人。

> 魏文帝所謂：文章經國之大業，不朽之盛事者也。（菅原文時[16]〈封事三箇條〉，《本朝文粹》[17]）

---

[16]　菅原文時（899-981）：平安中期的學者，道真之孫。以家學文章聞名遐邇，連源為憲、大江匡衡等文人也請其斧正。

書巴字而知地勢，思魏文以覬風流。(菅原道真〈三月
三日同賦花時天似醉〉詩序,《菅家文草》)

尋舊跡於魏文，亦黃花助彭祖之術。(紀長谷雄〈九日
侍宴觀賜群臣菊花〉詩序,《和漢朗詠集》[18])

曹植：被認為是詩才卓越的人。因此，有將擅長文才的親
王比喻為曹植之例。

陳子王之七步，縮為六焉。(藤原行葛〈學生源元忠讚〉,
《本朝文粹》)

業只好文，則是曹子建之再誕。(大江朝綱[19]〈侍前鎮西
都督大王讀史記〉詩序,《本朝文粹》)

王粲：作為〈登樓賦〉(收錄於《文選》)的作者，其被歌
詠處均與此一故事有關。

何必潘岳載星於河陽，王粲夜登於高樓。(島田忠臣〈就
花枝〉詩序,《本朝文粹》)

---

[17] 《本朝文粹》：平安中期的漢文集，共 14 卷。藤原明衡撰。將從嵯峨天皇
的弘仁年間到後一條天皇的長元年間的名文詞四二七編，仿照《文選》的
體裁分類、纂集為三十九類。

[18] 《和漢朗詠集》：詩歌集。藤原公任撰，2 卷。取以白樂天、菅原文時等為
首的唐人、日本人的漢詩文之佳句五八八首 (多為七言二句)，並附上紀
貫之、柿本人麻呂等的和歌二一六首。分為春、夏、秋、冬、雜等類，以
供朗詠之用。以佳句麗藻之詩歌集廣為人所愛讀。此書一般認為著於寬弘
九年 (1012)。

[19] 大江朝綱：平安中期的學者、書法家，精通經史，因村上天皇的敕命，撰
進《新國史》、《坤元錄》。

　　陸機：〈文賦〉（收錄於《文選》）的摘句被引用於《和漢朗詠集》、《新撰朗詠集》[20]中，並大都是作爲文章出色之人的舉例。又，提及陸機時，多與潘岳並舉。

　　　　左右方々，或斟陸機之詩濤，或謂潘岳之麗藻。（《天德詩合》[21]）

　　　　寄文學者，則酌潘江陸海之才。（惟宗孝言〈讀晉書畢得山簡〉詩序，《本朝續文粹》[22]）

　　陸雲：以博學之人被歌詠的例子爲多。

　　　　陸龍傳學，故誇角立之才。（惟宗孝言〈高文讚〉，《本朝續文粹》）

　　潘岳：有許多例子，但幾乎是以〈秋興賦〉（收錄於《文選》）的作者，且在歌詠秋思的文章脈絡中被提及。我想這是因爲歌詠「秋」這個季節的悲哀之情，與日本人的感性吻合之故。此外，被作爲出色的詩人提及的例子亦存在，但皆與陸機或謝靈運齊名（參看「陸機」項）。另外還有提及潘岳之爲河陽縣令，以及在縣中種花之事。又有舉以爲絕世美男子之例。

---

[20] 《新撰朗詠集》：詩歌集，分成上、下二卷。藤原基俊著。此書模仿《和漢朗詠集》的形式編輯，收錄適於朗詠的和漢詩歌。

[21] 天德詩合：村上天皇於天德四年（960年）三月三十日在清涼殿舉行的賽詩會。十二題二十番，成爲以後盛典的賽詩會之模範。

[22] 《本朝續文粹》：《本朝文粹》以後的著名詩文之撰集，共13卷。文二二九編、詩四編。撰者不詳。保延六年（1140）以後著成。

> 吟詩相憶昔潘岳，乘醉還嘲楚屈原。（藤原忠通[23]〈秋日
> 林亭即事〉，《本朝無題詩》）

> 陸生池柳合隣酖，潘令縣桃分岸望。（菅原定義〈隔水
> 望花色〉，《類聚句題抄》）

左思：用例極少。以〈招隱詩〉（收錄於《文選》）的作者，
又以出色的詩人與張協齊名。

鮑照：用例只有一例。以作爲出色詩人之例被標舉出來。

薛道衡：用例只有二例。被拿來與盧思道做對照。

沈約：只有一例。

關於至劉宋朝爲止的詩人已略述如上。各個詩人被詠入漢
詩文的頻率，當然互有多寡。潘岳有七十幾例，但是左思、鮑
照、薛道衡、沈約卻非常少。而且，這些詩人之所以被提及，
有時也未必因其爲當代的優秀詩人，而是因與其他故事有關而
被提出。

至於唐代的詩人，則有很清楚的特徵。梁代的沈約，即使
僅有一例，也採納到漢詩文中。但是唐代的詩人則除了菅原道
真的《菅家文草》中可看到駱賓王之名，爲唯一的例子，其他
則完全不出現在詩文中。但白居易和元稹是例外。白居易帶給
日本的詩文非常大的影響，其名被記載的情形很多。元稹是與
白居易齊名的人物，故與白居易的情況相同。

---

[23] 藤原忠通（1097-1164）：平安末期的廷臣。忠實之子。攝政關白、太政大
臣。後出家。入道法性寺之前，也稱爲關白太政大臣。性寬厚，盡孝悌之
道，長於詩歌，書法亦成一家。被稱爲法性寺樣。著有詩集《法性寺關白
集》。

　　若將此二人視爲特別情況來考慮，那麼唐代的詩人，除了駱賓王一例以外，皆未被採納到詩文中。這點與漢魏六朝詩人呈現出鮮明的對照。

　　關於唐代的詩人，再來看其他的特徵：一是將白居易、元稹作爲「近世」詩人，並將元、白以後的詩人與之前者區別開來。在被區別爲前半期的詩人中，除了杜甫以外，全都是初唐詩人。而且這些詩人已在前述《日本國見在書目錄》中收錄了他們的詩集。這或許是偶然的巧合，但卻是饒富意義的事實。

　　作爲盛唐詩人，只有杜甫被標舉出來。關於章孝標以下四人詩集之被採錄，我認爲與日本編纂佳句集的形成方式與過程有很深的關係。其一爲《千載佳句》，此書爲完成於十世紀中期的唐詩佳句集，各詩人的入集次數如下：

　　（1）白居易：517（2）元稹：65

　　（3）許渾：33（4）章孝標：32

　　（5）杜荀鶴：19（6）劉禹錫、楊巨源、溫庭筠：18

上述白居易壓倒性的優勢表露無遺，在此不擬細論。許渾、章孝標、杜荀鶴、溫庭筠四人，僅次於白居易、元稹，居於第三至第六位。

　　在以《千載佳句》作爲大量素材來源的《和漢朗詠集》（藤原公任撰，成於十一世紀初）之中，也可看到同樣的傾向：

　　（1）白居易：135（2）元稹：11

　　（3）許渾：10（4）章孝標：7

（5）杜荀鶴、劉禹錫：4（6）溫庭筠：3

整體而言，作品數量雖然很少，但上述四位詩人入選次數仍居於多數。

在《千載佳句》和《和漢朗詠集》中，章孝標以下四位詩人的入集情況，與〈詩境記〉的記述是相關的。大江匡房有記錄其言談的《江談抄》，然而在《和漢朗詠集》的舊抄本添上的注記，是此書的主要素材來源之一，其中也包含對章孝標、許渾、杜荀鶴之詩句的注記，及與之相關的談話。匡房確實對《和漢朗詠集》所引的這些詩人之詩句特別表示關心。若將此事考慮進去，則對章孝標以下的中、晚唐詩人之評價，我以爲反映了從《和漢朗詠集》上溯到《千載佳句》這兩本在日本編纂的佳句詩集之受容情況。

四

本論文中所敘述之要點可整理如次：

大江匡房的〈詩境記〉是依「詩境」中「境」之字義，虛構爲一個國家空間，並敘述在該「詩境」中，詩的制作情形。然而其想法和結構，卻是仿照唐代王績的〈醉鄉記〉。敘述詩之字義、起源和功用部分，則幾乎完全採自〈毛詩序〉。

構成〈詩境記〉中心的是：記述始自《詩經》、迄於晚唐的中國詩史。因此，可以將此作品視爲古代日本知識分子所寫的中國詩略史。從《詩經》到晉代，借用了《文心雕龍》、〈詩

品序〉、《宋書・謝靈運傳論》等文學論著之記述。

　　至於在時代上接近大江匡房的中、晚唐四位詩人詩歌之所以被收錄，我認爲與上述在日本編纂的兩本詩歌佳句集之受容狀況有很深的關係。

〈源氏退居須磨記〉對中國史書及文學的受容

陳明姿[*]著

一、引言

　　日本平安時代繼大化革新之後，引進中國的儒家思想及各種制度等，對女性行為有諸多規範，當代女性無法像男性一樣自由參與政治，公開評論政治自然亦被視為禁忌，因此平安女作家在描寫與政治有關的事件時多採取較含蓄、曖昧的寫法。平安才女紫式部在《源氏物語・賢木》卷裏寫完桐壺上皇臨終前對朱雀帝的種種叮囑後，又加上一句：「身為女流之輩的作者，本不該傳述此類國家重大政治，記此一端，亦深覺逾越本分。」[1]這當然亦是顧及當時社會風習之下的自我隱蔽之詞。然而，儘管作者刻意低調處理，卻由於《源氏物語》的主人翁源氏公子既是桐壺上皇最寵愛的皇子，又是朱雀帝的弟弟，冷泉帝的親生父親，同時亦是朝廷重要攝政大臣，身份特殊，縱然僅是描述其私生活，亦難免會有政治投影。因此，讀者們仍

[*] 國立臺灣大學日本語文學系教授。
[1] 原文為日文，本稿所引用之中文譯文皆依據豐子愷譯：《源氏物語》（臺北：木馬文化事業有限公司，2002 年）但有些部分筆者也根據自己對原文的瞭解作若干修正。

可從作品裏看出有若干情節與政治有關，當中最明顯的便是源
氏公子退居須磨的這一段物語；源氏由一意氣風發之皇子淪落
至流放須磨之身，〈賢木〉卷至〈明石〉卷這四卷裏所敘述的
源氏退居須磨的經過，是一不折不扣的政爭物語。此外這段故
事亦銜接了〈桐壺〉、〈若紫〉兩卷裏的預言，[2]堪稱是源氏政
治生涯中最富高潮起伏的部分。作者紫式部本為一精通中日文
學的文學家，在描寫該段故事之際，更是充分展現其豐富的才
學，大量徵引各種先行典故，除一些日本原為當代讀者所熟知
的先例外，更擷取不少古代中國的相關典故，使得該〈退居須
磨記〉洋溢著濃郁的中國氣息。

　　本文作為探討《源氏物語》與中國文學文化關連之一環，
特別聚焦於〈賢木〉卷、〈花散里〉卷、〈須磨〉卷、〈明石〉
卷等四卷裏的〈源氏退居須磨記〉（有關源氏退居須磨經過的
物語）。首先檢索作者攝取了那些中國的史書、文學？並探討
其何以及如何融入這些典故，又因此具有何種效果？希冀藉由
這次探索，對中、日兩國古代文學之關連及作者之意圖，有更
進一步的瞭解。

---

[2]《源氏物語・桐壺》卷裏描述高麗相士看過源氏相貌之後說道：「這位公子
的相貌看來應是國之君主，位登九五之尊者。然而若果如此，又恐國家會
發生變亂，而遭逢憂患，但若是當朝廷柱石輔佐天下政治，則又與其相貌
不合。」暗示源氏具帝王之相。之後在〈若紫〉卷裏，源氏與藤壺中宮暗
通款曲，藤壺中宮因此懷孕，源氏亦做了一個怪夢，召人前來解夢卻是吉
夢，判語是源氏公子將成為天子之父，但占夢之人同時又說：「此夢吉中
帶凶，須謹言慎行」，便是應驗在須磨退居一事。

二、對《史記》的受容

　　源氏公子退居須磨之緣由大致如下：桐壺上皇駕崩之後，源氏公子頓時失去後盾，權力核心移轉至弘徽殿太后（朱雀帝之生母）及右大臣（太后之父）手中。朱雀帝個性懦弱，雖未忘卻桐壺上皇的告誡，卻也不敢違拗母后之意。源氏公子、左大臣（源氏之妻葵夫人之父）及藤壺皇后（桐壺上皇之皇后）等一群人受到打壓，過著失意的日子。左大臣因此辭去官職，藤壺皇后又為擺脫源氏公子的糾纏遁入空門，源氏更覺孤單寂寞、鬱悶寡歡，為填補心靈的空虛與寂寞，與原本就和源氏公子有一段情，在後宮任職尚侍[3]的朧月夜君（右大臣之女）繼續往來。朧月夜君因患瘧疾，退居右大臣府中療養，病情痊癒之後，與源氏公子互通音問，兩人暗通款曲。終於在某一雷雨交加的夜晚，被右大臣撞見，並告知弘徽殿太后。太后性情較右大臣兇狠，又對源氏公子早就懷恨在心，得知此事後，怒不可遏，便思趁此機會，擊垮源氏公子。於是源氏被羅織意圖謀反之罪名，遭除名（除去官爵）處分，更擬進一步判其流刑。源氏面臨如此險惡情勢，為免淪落至更為不幸之境遇，甚至波

---

[3] 依池田龜鑑：《平安朝的生活與文學》（東京：角川文庫，1971 年）頁 33 記載：尚侍負責奏請、傳宣等職務，為內侍司之長官。本來相當於從五位，平成天皇後升為從三位，後來亦有成為天皇妃子或太子妃等的，因此亦被視為準后妃。在這裏是指朧月夜君還只是後宮女官之一，尚未成為朱雀帝正式妃子之意。亦因此源氏公子並非與朱雀帝之妃子有不倫之情事發生，照理不致於被判處流刑。

及東宮太子（後來的冷泉帝），遂決意離開京城，自行退居須
磨。[4]

　　古代的日本及中國皆有不少政治家因蒙受不白之冤，而遭
流放。與作者同一時代遭受陷害的日本著名政治家，則有西宮
左大臣源高明、[5]小野篁、[6]菅原道真[7]及藤原伊周[8]等。《蜻蛉日
記》的作者藤原倫寧之女在其作品裏亦記載過源高明的遭遇；
《蜻蛉日記》中卷安和二年裏寫道：「二十五、六日時分，左
大臣遭流放。」「左大臣何以遭逢如此悲運，誠令人悲痛。」[9]
《蜻蛉日記》作者的同情之詞亦反映出當代人對左大臣遭遇的
不平。博學多聞的紫式部當然不可能不知此事。源氏公子的人
物設定既然具有源高明的影像，當然其謫居的舖設亦不可能不

---

[4] 須磨位於今之神戶市西南方海岸之地，隔著明石海峽與淡路島遙遙相對。

[5] 源高明（914-982），醍醐天皇之皇子，母周子為更衣，賜姓源。冷泉天皇
　　時位登左大臣，著有《西宮記》，故被稱為西宮左大臣。969 年因安和之變，
　　為右大臣藤原師尹陷害，左遷為太宰員外帥。972 年又蒙召喚回京，並賜
　　封邑，卻未重返政界。

[6] 小野篁（801-852），小野岑守之子，被任命為遣唐副使，因不滿大使藤原
　　常嗣之專橫，稱病不受命，遭流放至隱岐後，又被召回擔任參議。

[7] 菅原道真（845-903），菅原是善之三男，醍醐天皇時任右大臣，受左大臣
　　藤原時平忌恨，向天皇讒言菅原道真欲廢醍醐帝，擁立自己女婿為天皇，
　　於 901 年被左遷為太宰權帥。903 年死於流放地筑紫。之後異變屢起，於
　　923 年被赦免並恢復原官位。

[8] 藤原伊周（974-1010），關白藤原道隆次男，一條天皇皇后定子之兄。994
　　其父歿後，本期能繼其父職，卻為其叔父藤原道長取而代之。於 996 年
　　被誣欲以箭射花山天皇，遭流放為太宰權帥。翌年准其入京，未幾又准其
　　上朝參君。

[9] 木村正中等校注、現代語譯：日本古典文學全集《土佐日記、蜻蛉日記》
　　（東京：小學館，1995 年），頁 206。

受高明左遷史實的影響。而藤原伊周與紫式部則是同年代的
人，亦因為在政爭中，道長擊垮了伊周，道長之女彰子才順利
成為宮中的皇后，宮中因此史無前例的出現兩位皇后（另一位
是伊周之妹定子，定子早就是皇后），身為彰子身邊女官的紫
式部當然不可能不意識到伊周的存在。除了高明、伊周外，小
野篁、菅原道真等人被流放一事亦都在當代社會喧騰一時，作
者當然記憶猶新。然而，源氏公子與這些人的遭遇最大不同之
處在：他是自行退居須磨，而非遭到流放。關於此點已有諸多
先賢達俊指出。[10]仔細閱讀《源氏物語》亦可發現源氏公子與
一般被判流放者有所區別。首先，源氏公子擁有充分的自由，
在離開京城之前，他還前往右大臣、藤壺中宮、花散里姬，甚
至桐壺上皇陵寢前告別。其次，其財產亦未被沒收。再者，他
在須磨居住期間，亦不若菅原道真須閉門思過。因此，源氏公
子的退居須磨應是在其被判流刑之前，為保護東宮太子，自己
亦免於淪落至更悲慘的境遇，而迅速做的明智決斷。

　　清水好子指出源氏公子自發性離開京城、退居須磨的舖
陳，應是受了《尚書・金縢》的影響。[11]〈金縢〉原文如下：

　　既克商二年，王有疾，弗豫。二公曰：「我其為王穆卜。」
　　周公曰：「未可以戚我先王。」公乃自以為功，為三壇
　　同墠。為壇於南方，北面，周公立焉；植璧秉珪，乃告

---

[10] 源氏離開京都是自發性的退居，已有諸多先賢達俊論及，當中以清水好子
的〈須磨退居與周公東遷〉，《源氏物語論》（東京：塙書房，1966年），頁
220-246有最詳細的敘述。

[11] 同上書。

太王、王季、文王。史乃冊祝曰：「惟爾元孫某，遘屬
癘疾；若爾三王，是有丕子之責于天，以旦代某之身。
予仁若考，能多材多藝，能事鬼神；乃元孫不若旦多材
多藝，不能事鬼神。乃命于帝庭，敷佑四方，用能定爾
子孫于下地；四方之民，罔不祇畏。嗚呼！無墜天之降
寶命，我先王亦永有依歸。今我即命于元龜，爾之許我，
我其以璧與珪，歸俟爾命；爾不許我，我乃屏璧與珪。」
乃卜三龜，一習吉。啟籥見書，乃并是吉。公曰：「體，
王其罔害；于小子新命于三王，惟永終是圖。茲攸俟，
能念予一人。」公歸，乃納冊于金縢之匱中，王翼日乃
瘳。武王既喪，管叔及其群弟乃流言於國，曰：「公將
不利於孺子。」周公乃告二公曰：「我之弗辟，我無以
告我先王。」周公居東二年，則罪人斯得。于後，公乃
為詩以貽王，命之曰〈鴟鴞〉；王亦未敢誚公。[12]

這裏的「居東二年」，若對照《史記》裏的〈周本紀〉及〈魯
周公世家〉的記載，應是「興師東伐」之意，即便周公平亂之
後，暫居東方，其赴東的主要目的亦是為了要討伐亂賊武庚、
管叔、蔡叔一干人，因此與源氏公子為了不見容於朝廷而含冤
自貶至須磨的情形，實則有所不同。不過〈魯周公世家〉裏，
卻有下面這段記載：

初，成王少時，病，周公乃自揃其蚤沈之河，以祝於神
曰：「王少未有識，奸神命者乃旦也。」亦藏其策於府。

---

[12] 屈萬里註釋：《尚書今註今譯》（臺北：臺灣商務印書館，1984 年），頁 84-87。

成王並有瘳。及成王用事，人或譖周公，周公奔楚。成
王發府，見周公禱書，乃泣，反周公。[13]

由「周公奔楚」一詞可看出周公旦亦是因受小人讒譖，遭成王
懷疑，才含冤離開京城逃至楚，該段記事與源氏退居須磨之緣
由較接近，熟悉《史記》的紫式部在寫這段故事時，很有可能
參考了〈魯周公世家〉的這段記載。源氏退居須磨的這段故事
處處可見《史記》的痕跡。〈賢木〉卷裏桐壺帝駕崩後，源氏
公子受到右大臣派系的打壓日益嚴重，太后親信更常對其冷嘲
熱諷。某日，弘徽殿太后的哥哥藤大納言的兒子頭弁的坐車，
與源氏公子之車擦身而過時，還朗誦道：「白虹貫日，太子畏
之」，譏諷源氏公子將不利於朱雀帝。這裏的「白虹貫日，太
子畏之」，正是引用自《史記‧鄒陽列傳》裏的名句。[14]又同一
卷中藤壺皇后爲弘徽殿太后的跋扈專橫及源氏公子的糾纏求
愛所苦時，對自己的處境十分憂慮，想道：「照此下去，我即
使不慘遭戚夫人的命運，也將會淪爲天下人的笑柄。」這裏所
提及的「戚夫人」，亦是眾所皆知的〈呂后本紀〉所出現的悲
劇人物。[15]下引段落亦是一例：

　　源氏公子離開京城之後，自朱雀帝以下，許多人都掛念
　　他。……源氏公子兄弟輩的諸皇子以及公子親善的諸公
　　卿，起初常寄信慰問，並有富情趣的詩文相互唱和。弘

---

[13] 司馬遷：《史記》（臺北：宏業書局，1987 年），頁 1520。
[14] 同上書，頁 2470。
[15] 同上書，頁 397。

> 徽殿太后得知之後，很不高興，罵道：「獲罪朝廷的人，
> 不得任意行動，連飲食之事都要受限制，然而源氏竟在
> 流放地造起風雅的宅第，又作詩諷詠時世，居然還有人
> 與他唱和，像附和趙高指鹿為馬一樣。」

弘徽殿除了怒罵這些與源氏吟詩唱和的人以外，更將源氏比擬
成欺君罔上的奸佞趙高。源氏公子與趙高完全不同，自是不在
話下，但趙高的指鹿為馬亦是《史記‧秦始皇本紀》裏的典故。
由上面的這些例子可以看出這段物語確實與《史記》有密切的
關連。

又除了直接引用《史記》的典故語句以外，亦有不少情節
類似之處。〈須磨〉卷裏源氏公子遭除名後赴須磨前的一段：

> 本來門前車馬雲集，幾無隙地；如今冷冷清清，無人上
> 門了。此時源氏公子方悟世態之炎涼與人情之冷漠，餐
> 廳裏的飯桌，有半數上面堆積著塵埃，鋪地的軟席亦有
> 不少折疊起來

桐壺上皇在世時，源氏公子極得勢，邸宅賓客雲集，目前因時
移世變，不見容於當代權勢者而遭受除名處分。因此那些交情
不深的人唯恐來訪，會見罪於右大臣等人，故不敢上門。二條
院遂突然變得寥落冷清。此情此景，除了有白樂天〈琵琶行〉
裏的「門前冷落鞍馬稀」的旨趣外，也與擁有三千食客的孟嘗
君在遭齊王除去相位後，「諸客盡去」的狀況十分類似。前面
雖未特別描述源氏公子邸宅裏賓客雲集的情形，但在〈賢木〉
卷裏，當源氏公子的詩歌受眾人讚賞之時，他曾自負的吟誦

道：「我文王之子，武王之弟。」在此固然是強調以自己的出身背景怎可不具有出類拔萃的文才，但熟悉這個典故的人都知道，這是〈魯周公世家〉裏周公告誡其子伯禽的話。當伯禽代周公就封於魯時，周公說道：「我文王之子，武王之弟，成王之叔父。」以自己的身份，尚且「一沐三捉髮，一飯三吐哺，起以待士，猶恐失天下之賢人。」[16]周公以自己爲例，向其子說明自己如何謙恭待人，廣納天下賢士，要其子伯禽赴任之後，不可「以國驕人」，須禮賢下士之意，由此可以推知周公邸宅必是賓客雲集。既然作者將源氏比擬成周公，則源氏公子邸院亦應有不少賓客，不過關於周公，並未留存其失勢後賓客離去的記載，倒是擁有三千食客的孟嘗君遭除去相位之後，食客都紛紛離去。因此物語裏敘述源氏因遭除位，府邸賓客頓減，竟淪落至「餐廳飯桌有半數上面堆積著塵埃」、「軟席亦有不少折疊起來」的冷清情形，頗與食客離去後的孟嘗君邸宅情景一致，應是作者在構思該段政爭物語時，亦參考了孟嘗君的故事及其敘述手法。然而，亦因加入了這段描述，讓讀者將其與擁有眾多賓客的孟嘗君聯想在一起，進一步勾勒出源氏公子原來在朝廷中的地位、政治影響力，及其待人處世的形象。

　　其次，將目光移轉至源氏公子受召還的部分。後藤祥子指出其受菅原道真「怨靈傳說」的影響；[17]清水好子則根據《花

---

[16] 司馬遷撰：《史記》，頁 1518。又《蒙求》裏亦曾收錄該故事，但熟悉《史記》的紫式部應當也看過〈魯周公世家〉的這段故事。

[17] 後藤祥子：〈帝都召還的論理──《明石》卷與菅公故事〉，《源氏物語的史的空間》（東京：東京大學出版會，1986 年），頁 18-35。

鳥餘情》等諸古注指出其受到《尚書・金縢》周公故事影響。[18]這段描寫究竟受到何者影響，抑或與上述兩者皆相關？且先從須磨發生天變風雷之部分探討起。

退居須磨的源氏公子為祈求能早日返京，於三月一日上巳日前往海邊修禊，向天地神明訴說自己冤屈，未料祓禊未完，

> 忽然風起雲湧，天昏地暗，眾人驚慌吵雜，大雨突如其來，聲勢異常猛烈。……不久以前，風平浪靜，此時忽起暴雨，飛沙走石，浪濤洶湧。諸人狂奔返抵，幾乎足不履地，海面像是蓋了一床棉被似地，膨脹起來。電光閃閃，雷聲隆隆，彷彿雷電即將打在頭上。……雨腳沈重落地，像是要穿透一切所經之地。眾人皆憂慮的想道：「照這光景，世界就要毀滅了。」

這次的天災當然不只發生在須磨，京城亦是狂風暴雨。作者在敘述京都方面的災情時，除了寫道：「政事已告停頓」外，並且強調：「這一年宮中常常發生不祥之兆，變異之事接連而起。」顯然作者有意強調這是一次全國性的天災地變，而且這似乎與朝廷主政者施政失德有關。又除了天變之外，紫式部另加入了四則夢，當中兩則是源氏公子的夢，分別是住吉大神及桐壺上皇亡靈出現在源氏公子夢中，指引其迅速離開須磨。第三則是明石入道（居士）的夢，住吉大神在夢中指示其前往須磨接源氏公子來明石。第四則是朱雀帝的夢：

---

[18] 詳清水好子：〈須磨退居與周公東遷〉，收入《源氏物語論》。

　　且說這一年，常常發生不祥之兆，變異之事接連而起。
三月三十日，雷電交加、風雨狂暴之夜，朱雀帝做一個
夢，看見桐壺上皇站在清涼殿正面的階下，臉色非常不
快，兩眼瞪著朱雀帝。朱雀帝默不作聲，肅立聽命。桐
壺上皇曉諭的話甚多，主要的似乎是關於源氏公子之
事。朱雀帝醒後，覺得異常恐怖，又極悲痛，便把這夢
稟告弘徽殿太后。太后說：「風雨交作、天氣險惡之夜，
晝間所思之事，往往入夢。不需驚惶失措。」

　由於弘徽殿太后的反對，朱雀帝不敢違逆母命召源氏回京。但
或許是在夢中與父皇四目交接之故，忽然患了眼疾，太政大臣
也在此時亡故。死亡疾病之事相繼發生，四境人口不安，太后
亦臥病不起，朱雀帝心裏有數，這一切的災變、疾病都是上天
在懲罰他政令不公，他屢次向太后說：「必定是讓源氏蒙不白
之冤，受沈淪之苦，才有此報，應召其回京，並賜還原爵位。」
然而太后依舊態度強硬。未幾，太后病情日益沈重。翌年，朱
雀帝自身也染病，謠言滿天下，朱雀帝終於決定讓位給東宮，
而輔佐新帝的攝政大臣人選，幾經思考後，仍以源氏公子最合
適。因此朱雀帝不顧太后反對，決定召源氏公子回京。

　　換言之，上天為曉諭政令不公而發生天變，接著祖靈桐壺
帝亦出現在朱雀帝夢中告誡其失政。但由於太后的反對，懦弱
的朱雀帝不敢召源氏回京，於是上天繼續降下各種災變、疾
病，太后及朱雀帝亦因此罹病。朱雀帝已無法繼續執政，只好
讓位東宮，而眾大臣中最有能力、並適合輔佐新帝的人，則非
源氏莫屬，因此召源氏回京。

　　後藤祥子指出該段與菅公傳說有若干點類似。首先是朱雀
帝的夢，後藤氏認爲朱雀帝夢見桐壺帝立於清涼殿正面的階
下，兩眼瞪著他加以斥責的一節有《天滿宮託宣記》及《北野
緣起》的蹤影。[19]後藤氏所摘錄的《天滿宮託宣記》係 992 年
12 月 4 日安樂寺禰宜（相當於女巫）藤原道子的託宣。菅公靈
魂藉由藤原道子口中所陳述的內容大致如下：

> 我亡故後，上清涼殿參謁帝皇，悉奏往事。帝合掌流淚，
> 陳述當時事。緣臣下矇蔽，不令知實情，是故皇威亦蕩
> 然無存。[20]

又所節錄之《北野緣起》內容大致如下：

> 菅丞相現身清涼殿，拜見龍顏，陳述己未犯過一事。帝
> 甚驚惶，當年事乃為臣下所蒙蔽。[21]

姑且不論住在京都的紫式部是否看過遠在筑紫（九州）的女巫
之託宣，僅就內容來看，兩者便大不相同。桐壺上皇亡靈是以
朱雀帝父皇身份出現於其夢中，告誡其失政，不應將其視爲一
般的怨靈。而且朱雀帝一開始便未認爲源氏有罪，只是不敢違

---

[19] 後藤祥子：〈帝都召還的論理──《明石》卷與菅公故事〉，收入《源氏物語
的史的空間》。

[20] 筆者譯自《新校群書類從》，卷 20，頁 498：「我入滅乃後爾。清涼殿爾參
ジ天帝皇爾對面（シ）天。具（二）古事ヲ奏する爾。合掌天淚ヲ流給天。
彼時乃事ヲ被宣留。然而臣下爾不令知寸。依無皇威奈リ。」

[21] 筆者譯自《新校群書類從》，卷 19，頁 484：「又管丞相清涼殿に化現して
龍顏にまみえ奉りて、あやまたざるよしをのべ申給ひける時、「御門」
おそれ給ひてこしらへ申給ふ事ども有けり。」

背母后意旨而已。又雖被斥責,並因此罹患眼疾,卻因太后反對,仍無法赦免源氏的罪,召其還京。而是在上天繼續降禍,連朱雀帝自身亦染病,無法繼續執政時,才讓位並召源氏回京輔佐新帝。與菅公傳說裏醍醐天皇本來不知菅公之冤屈,直到夢見菅公怨靈,瞭解其冤情後才赦免其罪的情形有所不同。其次,後藤祥子又指出上巳之禊與天拜山神話有關。其所摘錄《北野緣起》之文大致如下:

> 於鎮西時,做祭文陳己之清白,登高山,向天道祈求七日。祭文漸飛昇入雲,思其應達梵天處。[22]

後藤氏認為因其生前虔心向神祈禱,訴說其清白,所以死後成神,並有京都落雷事件發生。因此與源氏公子向神訴說自己委屈,並引起暴風雨是相同的。然而源氏在祓禊未完之際,立刻有所感應,並發生天變,又發展成得以被召還京城的結局。菅原道真卻是死於流放地,並在其死後七、八年,京城才有怨靈傳說及落雷事件發生。兩者顯然不同。至於祖靈出現於夢中,斥責子孫政令不公,若不補救將有更大災禍降臨的舖設,倒是與《後漢書・孝靈帝紀》這段故事十分相似:

> 帝後夢見桓帝怒曰:「宋皇后有何罪過,而聽用邪孽,使絕其命?勃海王悝既已自貶,又受誅斃。今宋氏及悝

---

[22] 筆者譯自《新校群書類從》,卷19,頁481:「鎮西におはしましける時、御身に罪なきよし祭文を作らせ給ふて、高山にのぼりて、七ヶ日天道に訴申させ給ひける。祭文やうやく飛昇て雲を分て入にけり、梵天までもいたりぬらんとぞ覺し。」

自訴于天，上帝震怒，罪在難救。」夢殊明察。帝既覺
而恐，以事問於羽林左監許永曰：「此何祥？其可攘
乎？」永對曰：「宋皇后親與陛下共承宗廟，母臨萬國，
歷年已久，海內蒙化，過惡無聞。而虛聽讒妬之說，以
致無辜之罪，身嬰極誅，禍及家族，天下臣妾，咸為怨
痛。勃海王悝，桓帝母弟也。處國奉藩，未嘗有過。陛
下曾不證審，遂伏其辜。昔晉侯失刑，亦夢大厲被髮屬
地。天道明察，鬼神難誣。宜併改葬，以安冤魂。反宋
后之徒家，赴勃海之先封，以消厥咎。」帝弗能用，尋
亦崩焉。[23]

該則夢主要是因孝靈帝聽信王甫之言，未加明察，竟讓勃海王
悝及宋皇后冤死，有損君德，所以桓帝出現於其夢中，責其失
刑，並告知上帝即將降禍。果然因孝靈帝未能採信許永之諫
言，「反宋后之徒家」，「復勃海之先封」，不久便因天譴而駕崩。
朱雀帝只是讓源氏公子流放至須磨而已，並未殺他，所以罪狀
不若孝靈帝深，但亦因政令不公，而發生天災，並遭桐壺上皇
亡靈斥責，又因未能聽從父皇之言，立刻召源氏公子還京，以
致上天繼續降禍，最後朱雀帝自身亦染病，只好讓位東宮。從
遭祖靈斥責及上天降災這點而言，大量汲取中國史書內容的紫
式部，在撰寫朱雀帝之夢時，極有可能是參考了《後漢書》漢
孝靈帝的夢。另外有關天變地異的部分，清水好子根據諸古注

---

[23] 見《後漢書》（臺北：藝文印書館，1972 年），卷 10 下，記靈帝宋皇后處
　　見頁 171。

指出其受《尚書・金縢》的影響。[24]〈金縢〉後半的內容如下：

> 秋，大熟，未獲，天大雷電以風，禾盡偃，大木斯拔；
> 邦人大恐。王與大夫盡弁，以啟金縢之書，乃得周公所
> 自以為功、代武王之說。二公及王，乃問諸史與百執事。
> 對曰：「信。噫！公命，我勿敢言。」王執書以泣，曰：
> 「其勿穆卜。昔公勤勞王家，惟予沖人弗及之；今天動
> 威，以彰周公之德；惟朕小子其新逆，我國家禮亦宜之。」
> 王出郊，天乃雨。反風，禾則盡起，二公命邦人，凡大
> 木所偃，盡起而築之，歲則大熟。[25]

清水氏認為源氏公子蒙不白之冤退居須磨一年後，上天以風雷
災變來顯示其清白，與《尚書・金縢》裏周公的境遇十分類似。
因此，這段物語應是受《尚書》的影響。按：〈金縢〉的成王
是在災變之後，開啟金縢之書，才發覺自己誤解了周公，而改
變其對周公的態度，並追頒周公應得的榮譽政令。然而《源氏
物語》裏的朱雀帝卻一開始便知道源氏公子是清白的，只是不
敢違逆母后的意旨而已。因此，如果只是要讓朱雀帝知曉源氏
公子是清白的而改變決策，召還源氏公子，大可不必導入天
變。然而姑且不論天子是否知曉事情的真相，就「人主不德，
布政不均，則天示之以菑，以誡不治」[26]此點而言，須磨的天
變則是必然的，紫式部亦應讀過《史記》裏的這種儒家思想。

---

[24] 清水好子：〈須磨退居與周公東遷〉，收入《源氏物語論》。
[25] 屈萬里註釋：《尚書今註今譯》，頁84-87。
[26] 司馬遷：《史記》，頁422。

因此就上天以天變來警告天子失德這點而言，兩者倒是一致。雖然作者是否看過《尚書》仍不得而知，而《史記‧魯周公世家》卻有類似的內容。只是依〈魯周公世家〉裏的記載，是在周公死後才發生天變風雨，與《尚書》有些許出入，然而不論何者，都具有上天以風雨災變來諭示政令不均、人主失德之意。就上天以暴風雨告誡天子失德這點而言，源氏公子受召還的舖設，確實受到周公傳說的影響。

　　紫式部身為宮中女官，應聽過甚至親眼目睹源高明、菅原道真、藤原伊周等當代政治家在政爭中受陷害的情形。但身為女性作家的作者，在撰寫這段政爭物語時仍然十分謹慎，參考了專門記述政治大事的各種中國史書的內容及其表現手法。除了讓內容更精彩逼真、豐富感人外，同時亦容易讓讀者將該段物語的人及事，與《史記》等史書裏所描寫的事件及人物的特性聯想在一起，這一點在源氏公子的人物造型及其言行遭遇裏更為明顯。本來源氏公子在作品裏就有被描寫成當代理想政治家的傾向。如〈賢木〉卷裏桐壺上皇臨終之時，叮囑朱雀帝以源氏為輔佐大臣時，便有如下的評論：「此子雖然年輕，卻頗能勝任政治，由他的相貌也可看出他具有治國平天下的才能。因此，我為避免諸皇子妒忌而不封他為親王，將他降為臣下，使他成為朝廷的後援人，不可辜負我的苦心。」可見桐壺上皇認為源氏是治國平天下的人才。之後朱雀帝退位時，替新帝找攝政大臣時，亦認為源氏是最理想的人選，所以才不顧弘徽殿太后的反對，召他回來。作者在描寫源氏公子其人其事之時，屢次提到周公的典故，如〈賢木〉卷裏的「我文王之子，武王

之弟」，又在源氏自行退離京城的舖設裏出現了「周公奔楚」的痕跡，甚至召還的故事裏亦加入周公的暴風雨傳說，讓讀者很自然的將源氏公子勾畫成周公類型的政治家。紫式部藉由汲取中國史書裏的典故、故事，欲將源氏公子塑造成儒家思想裏理想政治家的意圖，是至爲明顯的。

三、對《白氏文集》的受容

除了《史記》等典籍的各種故事外，本段物語亦攝取了不少白居易詩等中國的詩詞。首先從〈賢木〉卷探討起。源氏公子得知六條御息所下定決心要隨女兒齋宮同赴伊勢之後，深覺對御息所有諸多虧欠，特地前往御息所住處野宮探訪。時值秋季清晨，兩人分離之際，源氏公子知道今後將很難再與御席所見面，十分悲傷，遂低吟道：「自古曉別催人淚，偏逢秋季愁更深。」六條御息所亦回道：「秋別已是淚滿襟，蟲鳴更添愁無限。」丸山キョ子指出：兩人的和歌都蹈襲了白居易詩〈暮立〉。[27]其詩爲：「黃昏獨立佛堂前，滿地槐花滿樹蟬。大抵四時心摠苦，就中斷腸是秋天。」[28]特別強調生離的感傷場面。〈暮立〉確實具有悲秋的旨趣。紫式部亦的確閱讀過《白氏文集》，

---

[27] 見丸山キョ子：〈源氏物語對白氏文集受容的概觀〉，《源氏物語與白氏文集》（東京：東京女子大學學會，1964 年），頁 122。

[28] 本文所引《白氏文集》詩句卷數，皆出自白居易：《白氏長慶集》（臺北：藝文印書館，1971 年）。

但另一影響《源氏物語》甚鉅的〈長恨歌〉，則除了悲秋外還兼具失去所愛的母題：「黃埃散漫風蕭索，雲棧縈迴登劍閣。……蜀江水碧蜀山青，聖主朝朝暮暮情。行宮見月傷心色，夜雨聞鈴腸斷聲。」、「春風桃李花開日，秋落梧桐葉滿階。西宮南內多秋草，落葉滿階紅不掃」等句皆是。悲秋之歌雖早已出現在《楚辭》中，[29]但白居易的〈長恨歌〉除秋季本來的感傷外，還更深入地吟詠出當事者本來之心境。玄宗本就心情哀傷煩悶，又面對蕭索秋景，當然是愁上加愁。雖有「生離」、「死別」之異，與昔日的密友即將永別的源氏公子，此時此刻的心境與玄宗皇帝應是十分相似。而六條御息所的「蟲鳴更添愁無限」，亦具有聽了鈴蟲鳴叫後更感哀傷的「夜雨聞鈴腸斷聲」之旨趣。因此這兩首和歌除了〈暮立〉外，亦具有〈長恨歌〉的悲秋之情。不過，作者在此則是借用該悲秋情緒來強調生離的感傷場面。其次，同樣是〈賢木〉卷裏敘述六條御息所遭遇的一節。六條御息所與其女齋宮即將赴伊勢，兩人於申時入宮。由於兩人都是氣質高雅、體態優美的女子，因此有很多人前來瞻觀行列。乘著轎子入宮的御息所回想已故的父大臣當年悉心教養，指望她入宮後榮登后座，未料卻遭逢東宮太子早逝的不幸，以致事與願違。今日再度入宮，觸景傷情，令她感慨萬千。「她十六歲入宮，當已故東宮太子的皇妃，二十歲與皇太子死別，今年三十歲，重見九重宮闕。」這段描述頗具〈上陽白髮人〉裏「玄宗末歲初選入，入時十六今六十」的感傷情

---

[29] 見志村良治：〈秋之詩〉，《中國詩論集》（東京：汲古書院，1986 年），頁 248。

懷。又同卷裏源氏公子與藤壺皇后兄長兵部卿宮互相酬唱的和
歌裏，出現了「池面結冰澄如鏡，不見父影心傷悲」的詩句。
此句固然有蹈襲《大和物語》第七十二段〈池鏡〉裏「池面依
舊澄如鏡，不見故影心傷悲」和歌歌語的可能性，但這是平兼
盛悼念敦慶親王而作的詩句。[30]平兼盛卒於 990 年，在其有生
之年，《白氏文集》已傳至日本，[31]平安文人亦頗愛讀《白氏文
集》。「池鏡」二字及該和歌構想，應是來自《白氏文集·兩朱
閣》裏的「柳似舞腰池似鏡」。而喜愛《白氏文集》的紫式部，
在寫這首和歌時亦應不止僅透過《大和物語》間接受到〈兩朱
閣〉詩句的影響而已，亦可能直接看過這首白詩。又桐壺帝亡
故後，眾人寂寥的過了新年，源氏公子心情鬱悶，只是籠居家
中，

> 正月是地方官任免的時節，往年每逢此時，源氏家必是
> 車馬盈門幾無空隙，桐壺院在位時自不必說，退位之後
> 還是照舊不變，然而今年門前冷落了，帶了鋪蓋前來值
> 宿的人，一個也沒有。

這段描述很明顯具有白居易〈琵琶行〉裏「門前冷落鞍馬稀」
的痕跡。加入這種描述後，亦使讀者預想到源氏公子可能和白
居易同樣遭遇左遷的命運，整段文章遂洋溢著落寞寂寥的氣

---

[30] 片桐洋一等校注、翻譯：《日本古典文學》8：《竹取物語、伊勢物語、大
和物語、平中物語》（東京：小學館，1995 年），頁 317。
[31] 按：藤原佐世的《日本國具在書目錄》（891-897 年）記載道：「《白氏文集》
七十卷，《白氏長慶集》二十九卷。」可見十世紀以前，《白氏文集》已傳
至日本。

息。

　　退居三條宮的藤壺皇后一心向佛，其宅邸亦是冷清寂寥，即便新年到訪，依舊人影稀少：

> 往年每逢新春，必有無數王侯公卿到這三條宮邸來賀年，門庭若市。但今年這些人過門不入，大家爭相前往右大臣府邸去拜年。世態炎涼，深可悲嘆。正當此時，源氏大將以英爽之姿，專程來訪，真是以一當千，宅邸之人不禁感激涕零。

這裏形容藤壺皇后宅邸三條宮目前情景，亦同樣具有〈琵琶行〉中「門前冷落鞍馬稀」的旨趣，感傷情懷濃郁。此外，形容源氏的來訪，使用「以一當千」一詞，則是借用了《昭明文選》卷四十一〈李少卿答蘇武書〉裏的「疲兵再戰，以一當千」的句子。[32] 又同卷裏敘述源氏公子與中將（左大臣之子、源氏公子妻葵夫人之兄弟）舉行漢詩掩韻的一節：

> 夏雨連綿，叫人悶得發慌，有一天中將叫人拿了些有名的漢詩集來到二條院，源氏公子也命人打開殿內書庫，從以前未曾啟封的若干書櫥裏選出一些珍貴的古漢詩集來，召來許多精通此道的人物。……分為左右兩列，相對而坐，競賽掩韻，獎品之精美，世間罕見。……其間困難的韻字甚多，屢次使得著名的博士周章狼狽。源

---

[32] 見李善註：《增補六臣註文選》（臺北：華正書局，1979 年），頁 758。阿部秋生等校注之《源氏物語》2（東京：小學館，1981 年），頁 127 的頭註亦曾提及，但該書將其寫成卷二十一，與《文選》原來的卷數不符。

氏大將便時而加以指點，足見其才學精深無比。眾人嘖
嘖讚嘆，互相告道：「公子何以能有如此全才，定是前
世修來的，才會如此聰慧過人。」……兩天之後中將舉
辦認輸的饗宴，排場雖非特別盛大，然而盛裝食物的各
種檜木箱十分優美，還有各式各樣的獎品，時值階前薔
薇剛綻放，景象比春秋花季更優雅。

古註及多位學者都指出：「時值階前薔薇剛綻放」的句子，是
蹈襲《白氏文集》卷十七〈薔薇正開春酒初熟因招劉十九張大
夫崔二十四同飲〉裏的「階底薔薇入夏開」之詩句。筆者亦深
以為然。然而，由這段描述亦可看出平安貴族日常生活之一
端。漢詩是貴族男性的必備教養之一，不懂漢詩，便被視為才
學疏淺。中將及源氏公子所收藏的漢詩集裏，當然亦包括廣為
平安人所熟知的《白氏文集》。他們競賽掩韻時一定少不了白
居易的詩，甚至可能是以白詩為主。因此紫式部在介紹其週遭
景物時，亦配合其氛圍寫出了《白氏文集》裏的詩句。而在這
一群精通漢詩文的飽學之士中，又以源氏最為出類拔萃，甚至
連博士都遠不如他。藉由這段描述可窺出紫式部意欲強調源氏
公子不僅是一位理想的政治家，還是一位聰慧過人、才學超群
的文學家之意圖。

　　此外，在〈須磨〉卷裏描述源氏準備動身前往須磨一節，
亦提到《白氏文集》：

客中所用物件，僅選日常必須用品，並且不加裝潢，力
求儉樸。又帶些必要的漢文書籍，裝《白氏文集》的箱

　　　　子和一張琴也一齊帶去。

這一節具有《白氏文集》卷四十三〈草堂記〉中：「漆琴一張，
儒、道、佛書各三卷」的旨趣，亦是不爭的事實。而透過這樣
的描述，使讀者自然將貶居至須磨的源氏公子，與流放至江州
的白居易聯想在一起。此後，與白居易處境相同的源氏公子，
一再吟詠白居易的詩，亦成爲自然而然的事了。

　　源氏公子到達須磨浦之後，

　　　　回顧來處，但見雲霧瀰漫，群山隱約難辨，誠如白居易
　　　　所云，自身正是「三千里外遠行人」了。

這裏的「三千里外遠行人」正是引用《白氏文集》卷十三〈冬
至宿楊梅館〉詩的第二句。亦由於引用此句詩，道出了離鄉背
井之逐客的無奈，並呈現出一股難以言喻的哀傷。

　　除了白詩之外，亦曾提及有同樣遭遇的屈原。如旅途中經
過大江殿時，源氏公子即景吟了一首詩：「身比唐國留名者，
前途渺茫更難卜。」這裏的唐國留名者是指屈原，屈原既是政
治家，亦是一名傑出詩人。源氏公子目前處境亦與屈原的遭遇
有頗多類似之處。作者藉由言及屈原來敘述源氏公子的處境。
作品裏的源氏公子對於今後自己的命運全然未知。因此他覺得
自己的遭遇比屈原更可悲。作者即透過這首和歌來凸顯源氏公
子內心的傷悲與無助。

　　且說須磨浦上，到了吹起蕭索秋風的季節，

　　　　源氏公子身邊人少，都已入睡，只有公子一人醒著。他
　　　　從枕頭上抬起頭來，但聞四面秋風猛厲，那波濤聲似乎

　　越來越近，彷彿就在枕邊。於是眼淚簌簌而下，幾乎叫
　　枕頭浮了起來。

這一段從枕上抬起頭來聽風聲與波濤聲的描寫，亦被指出具有
《白氏文集》卷十六〈香爐峰下新卜山居草堂初成偶題東壁五
首〉其三：「遺愛寺鐘欹枕聽，香爐峰雪撥簾看」中「欹枕聽」
的意味。然而，在借用白詩的文字及其表現手法時，作者亦逐
漸融入白居易所處的中國文人世界裏。源氏公子的人物造型，
亦逐漸具有中國文人的特性：寄情於詩，藉琴抒怨。且看前引
文字之後的段落：

　　源氏公子暫且撥弄了一會兒琴，自己聽了亦不勝悽楚之
　　感，便停止彈琴，吟詩道：「濤聲哀似離人泣，莫非風
　　從故鄉來。」

除了琴、詩之外，源氏公子還擅長書畫：

　　無聊發悶之時，便將各種色彩的紙黏貼起來，在上面信
　　筆揮毫，又在珍貴的唐綾上隨興作畫，貼在屏風上，那
　　些畫的確畫得非常美妙。

詩書琴畫樣樣精通，這正是中國理想的文人典型。喜愛中國文
學的紫式部不僅大量攝取白詩，還將源氏描寫成一位風雅的文
人。

　　又當源氏立於望海的迴廊上時，

　　空中有羣雁，排成一行，飛鳴而過，雁聲與槳聲幾難辨
　　認。公子對此情景，不禁感慨泣下。

古註早已指出這節蹈襲《白氏文集》卷二十四〈河亭晴望〉中
「晴虹橋影出，秋雁櫓聲來」的句子。又入夜時，一輪明月升
上天空：

> 源氏公子想起今宵是十五夜，回想若在京城時，此時正
> 在殿上飲酒作樂，那種情景真令人懷念。然而今宵各處
> 或有不少密友，正在對月長嘆吧！面對明月，愁思上
> 湧，繼而吟道：「二千里外故人心」，聞者又照例感動流
> 淚。

這節亦蹈襲了《白氏文集》卷十四〈八月十五日夜禁中獨直對
月憶元九〉的旨趣。顯然作者擷取了這兩首白詩的詩句，亦是
爲了要凸顯觸景傷情的源氏公子的悲嘆與哀傷，此時的源氏公
子儼然一易感多愁之詩人。又所謂的「密友」即指異性摯友，
這位公子在多處都有親密的女友，這顯然亦是眾多中國風流文
人的特性之一。

當源氏久居須磨，正在發悶之時，左大臣家的三位中將（葵
夫人之兄）來訪。昔日中將現已升任宰相了，人品優越，時望
隆重：

> 宰相看源氏公子的居處，覺得很富有唐（中國）的風情。
> 四周景物幽雅如畫，竹籬、石階、松柱，雖然簡單樸素，
> 卻風情別具。源氏公子打扮得像個山農野老，……雖然
> 令人看了覺得好笑，卻十分清雅。……棋盤、雙六盤、
> 彈棋盤，都是鄉下產的粗貨。

作者特意強調其居處具中國風情，而當中「竹籬、石階、松柱」

的描寫，正是借用《白氏文集》卷十六〈香爐峰下新卜山居草堂初成偶題東壁〉的「五架三間新草堂，石階桂柱竹邊牆」詩句。其居處雖然「簡單樸素」卻「風情別具」，源氏公子儼然是白居易之流的中國文人，縱然謫居鄉村，也不失其風雅本性，屋裏還擺著「棋盤、雙六盤、彈棋盤」，顯示其日常生活仍缺不了詩書琴棋畫，具濃郁的風雅文人氣息。

在以下這段描寫中，作者更直接將源氏公子與宰相兩人比擬成白居易與元稹，

> 是晚兩人徹夜不眠，吟詩唱和，直達天明。但宰相亦擔心此行遭人物議，急欲還都。他這樣匆匆而來，匆匆而去，反令源氏增添傷悲，於是舉杯吟道：「醉悲灑淚春盃裏」，左右隨從之人，聞之無不垂淚。

這裏的「醉悲灑淚春盃裏」正是《白氏文集》卷十七：「十年三月三十日別微之於澧上。十四年三月三十一日夜遇微之於峽中。停舟夷陵，三宿而別。言不盡者，以詩終之⋯⋯」裏的詩句。作者借用這句詩，將源氏他鄉遇故知，卻又不得不匆匆分離的哀嘆描述出來。換言之，不僅是外在言行，作者甚至連源氏公子內心的感情，都將之比擬於白居易。

紫式部在描寫源氏公子貶居須磨之際，亦借用了不少中國詩。除了《文選》外，更大量攝取《白氏文集》的詩句，在某些部分甚至將源氏公子比擬成白居易，藉此讓讀者聯想到遭流放時的白居易，並體會源氏公子內心的無奈與悲哀。此外還營造出具中國風情的世界，仿中國的「風流之士」，將其描繪成

一個感性、懂得生活情趣，且又多才多藝、琴棋書詩畫樣樣精
通的風雅文人。

四、小結

　　《源氏物語》雖以描寫源氏公子的私生活爲主，但〈退居
須磨記〉卻是描述源氏公子遭右大臣派系構陷，而自貶至須磨
的物語，因此這段物語有濃厚的政治色彩。作者亦分別由兩個
層面來描述主人翁：於「公」，源氏是謫放的攝政大臣；於「私」，
則是一名才學出眾的貴公子。而在描寫身爲政治家的源氏公子
時，因爲其在政爭中遭受除名而自行退居須磨，故作者除了參
考平安時代幾位遭受流放的著名政治家之例外，亦大量汲取中
國史書裏的典故，當中尤其多次蹈襲或提及周公的典故，除了
源氏公子自稱爲「文王之子，武王之弟」外，受召還的情節裏
還加入周公暴風雷的故事，作者意欲將其比擬爲理想的政治家
周公之意圖顯而易見。又在描述源氏公子的「私」的一面時，
作者則大量擷取中國詩句，特別是白居易的詩。有些部分甚至
將其言行及其內心感傷，比擬成遭流放時的白居易，藉此凸顯
源氏公子的哀怨之情。此外，又汲取中國文人的多種特性，將
其描述成一才藝不凡，深解生活情趣的風流才子。換言之，於
「公」，作者意欲將其塑造成一位理想的政治家；於「私」，則
是一位富個人魅力的「風流之士」。作者意欲將源氏公子描寫成
一世間少見的理想人物之意圖，可謂顯而易見。而由於作者在

將其理想化之際，是以古代中國理想中的政治家及文人爲其典
範，因此爲了要營造其氛圍，藉以引起讀者的共鳴，作品裏融
入了不少與該理想中的人物有關的典故及文學。又因作者大量
攝取這些典故與詩句，不僅使得物語的世界更豐富精彩、生動
感人，亦使其將書中主人翁理想化之策略得以圓滿達成。

《和漢朗詠集》古注釋中對中國歷史故事之承襲與改變

三田明弘著
三田明弘、三田裕子合譯

一、《今昔物語集》、《俊賴髓腦》中的〈長恨歌〉故事

對於安祿山（705-757）其人，日本人最爲熟知的是《平家物語》起首那相當著名的一段敘述：

> 祇園精舍之鐘聲，有諸行無常之響，裟羅雙樹之花色，
> 表現出盛極必衰的道理。驕傲的人不能長久，宛如春宵
> 一夢；勇猛的人也終會滅亡，就像風前之灰塵一般。在
> 遙遠的異國朝廷，想要找尋實例的話，秦朝的趙高、漢
> 朝的王莽、梁朝的朱异、唐朝的安祿山等，都不臣服於
> 先皇舊主，只知追求自己的快樂，不思諫言，並導致天
> 下大亂，而絲毫不慮及民間疾苦。他們都是不久就步入
> 滅亡的人。[1]

---

[*] 日本女子大學人間社會學部文化學科助教授。
^{**} 大葉大學應用日語學系講師。
[1] 《平家物語》卷1「祇園精舍」條，收入梶原正昭、山下宏明校注：《平家

安祿山是個謀反者，這是一般人對他的認知，也是中國正史對他的評價。新舊《唐書》皆將安祿山歸列爲謀反者，他的傳和其他謀反者的傳一起排列於列傳末尾處。而且在《新唐書》的傳中，其標題即爲「列傳第一百五十上‧逆臣安祿山」，明記他是逆臣。

但在《今昔物語集》卷十「唐玄宗后楊貴妃，依皇寵被殺語第七」裡，安祿山意外地被形塑爲憂國憂民的忠臣。這個故事的起首部，「昔日，震旦的唐代有一位名爲玄宗的帝王，玄宗生性非常好色，有愛女之心。」[2]特別強調玄宗好女色的特質。繼而敘述玄宗疏遠從前寵愛的皇后及妃子們之後，專寵楊貴妃一人，楊國忠的專橫執政也因此開始，不久後，安祿山即興兵反叛：

> 當時的大臣中有個叫安祿山的人，賢明而深謀遠慮。他嘆息皇上因寵愛此女，而引起天下動盪，因而下定決心「殺死此女，而改正天下」。安祿山偷偷地調動軍隊，闖入皇宮。當時皇上非常恐懼，偕同楊貴妃逃走，楊國忠也一併逃亡。此時，在皇上身邊的大臣陳玄禮，遂殺死楊國忠。

此故事記載安祿山之身份爲「大臣」，與史實是不盡一致的。且《今昔物語集》中，對安祿山之評價爲「賢明而深謀遠慮」。

在此書中曾被形容為「賢明」者，有孔子、莊子等知識份子，
而對於武人，一般的評價是「英勇」。而且這個故事刻意強調
安祿山嘆息天下之亂，為了「改正天下」才起兵叛變。總而言
之，《今昔物語集》中的安祿山被塑造成憂國憂民的高級文官。
這和人們一向熟悉的、大膽而狡猾的少數民族武將安祿山之形
象，相差可謂相當懸殊。

　　與《今昔物語集》中的安祿山形象相呼應，對於楊貴妃之
死，如此描寫玄宗的感慨：「淚流如雨，不堪一見。但陳玄禮
殺死楊貴妃亦有其理，故皇上並未因此動怒。」故事末尾的評
語則為：「安祿山之所以圖謀誅殺楊貴妃，乃是為了拯救天下，
因此，即使是皇上也不能挽救楊貴妃的性命。據說，古代的皇
帝、大臣都深明大義，所以他們會有這樣的作為。」本故事的
主題內容由其所依據的〈長恨歌〉之「愛別離苦」，一轉而為
「君臣應有之態度」。

　　關於此特殊的安祿山形象之形成，前賢論文有竹村則行之
〈善人安祿山的出現—《今昔物語集》卷十楊貴妃故事和〈長
恨歌傳〉—〉一文。[3]竹村推斷善人安祿山形象之成立，其原因
在於《今昔物語集》的作者只依據白居易〈長恨歌〉和陳鴻〈長
恨歌傳〉來創造楊貴妃的故事。由於只依據〈長恨歌傳〉中「天
寶末，兄國忠盜丞相位，愚弄國柄。及安祿山引兵向闕，以討
楊氏為辭」部分，因此把為打倒惡人楊國忠而舉兵的安祿山，
判定為正義之士。竹村氏的說法中可以同意的是：故事成立之

---

[3] 新日本古典文學大系：《今昔物語集》2，月報，頁 4-6。

前提有作者對〈長恨歌傳〉之誤讀。但認爲《今昔物語集》的
作者只參考了〈長恨歌〉和〈長恨歌傳〉的論點，筆者則並不
贊同。原因是此故事的內容反映出〈長恨歌〉和〈長恨歌傳〉
中看不到的諸多史實，這點以下將加以詳述。此外，憂國之士
安祿山的原型，亦有可能是從中國史書中衍生出來的。

　　關於安祿山，在《舊唐書》、《新唐書》中皆明確記載其謀
反者的身份。但《新唐書》卷二百二十五上〈逆臣上・安祿山〉
中，安祿山謊稱得到討伐楊國忠之密詔而興兵造反時，有老人
緊緊揪住安祿山的座騎對他諍諫。此時，安祿山命嚴莊替他對
老人傳達「我是爲國擔憂，並非私心」的說詞：

> 冬十一月，反范陽，<u>詭言奉密詔討楊國忠</u>，騰榜郡縣，
> 以高尚、嚴莊爲謀主，孫孝哲、高邈、張通儒、通晤爲
> 腹心，兵凡十五萬，號二十萬，師行日六十里。先三日，
> 合大將置酒，觀繪圖，起燕至洛，山川險易攻守悉具，
> 人人賜金帛，并授圖，約曰：「違者斬！」至是，如所
> 素。祿山從牙門部曲百餘騎次城北，祭先冢而行。使賈
> 循主留務，呂知誨守平盧，高秀巖守大同。<u>燕老人叩馬
> 諫，祿山使嚴莊好謂曰：「吾憂國之危，非私也。」禮
> 遣之。</u>[4]

安祿山在叛亂時佯裝憂國憂民的史實，可能以斷章取義的形式
被收錄在日本的長恨歌故事中，並在日本獨特的安祿山形象的
形成過程中發生一定的作用。

---

[4] 《新唐書・逆臣上・安祿山》（北京：中華書局，1975 年），頁 6416-6417。

　　《今昔物語集》中把史書記載以斷章取義的方式採入者，
並非僅只此處。例如，在《今昔物語集》的記載中，陳玄禮不
僅殺死楊國忠，楊貴妃也是陳玄禮動手殺害的：

> 楊貴妃逃入堂內，躲在佛像的光圈後面。但仍被陳玄禮
> 發現，並用白綢將楊貴妃勒死。

但在〈長恨歌〉和〈長恨歌傳〉中，並未出現陳玄禮之名。關
於馬嵬事變之誅殺楊貴妃，《舊唐書》卷五十一的楊貴妃傳中
有如下記載：

> 從幸至馬嵬，禁軍大將陳玄禮密啟太子，誅國忠父子。
> 既而四軍不散，玄宗遣力士宣問，對曰「賊本尚在」，
> 蓋指貴妃也。力士復奏，帝不獲已，與妃訣，遂縊死於
> 佛室。[5]

根據《舊唐書》的記載，陳玄禮殺死楊國忠，但沒有對楊貴妃
直接下手。《舊唐書》卷九〈玄宗本紀〉：「上即命力士賜貴妃
自盡」[6]，即唐玄宗通過高力士命令楊貴妃自縊。《資治通鑑》
卷二百一十八肅宗至德元載條則曰：「上乃命力士引貴妃於佛
堂，縊殺之」[7]，認為是高力士殺死了楊貴妃。總之，漢籍
中並沒有類似《今昔物語集》中陳玄禮殺害楊貴妃的
說法。

---

[5] 《舊唐書・后妃上・玄宗楊貴妃》（北京：中華書局，1975 年），頁 2180。

[6] 《舊唐書・本紀・玄宗下》，頁 232。

[7] 司馬光：《資治通鑑・唐紀》（北京：中華書局，1956 年），卷 218，頁 6974。

　　且《今昔物語集》記錄安祿山的執政與死亡曰：「安祿山把皇帝驅逐出宮後，執政於王宮之中，但不久即離開人世。」關於安祿山之死，〈長恨歌傳〉中僅間接以「大凶歸元」一語含糊帶過。如果《今昔物語集》的作者只以〈長恨歌〉、〈長恨歌傳〉爲依據材料的話，很難把「大凶」之名歸於安祿山，因爲在《今昔物語集》的描寫中，安祿山並非凶惡之人。

　　因此，《今昔物語集》中長恨歌故事的成立，不只是誤讀了〈長恨歌〉和〈長恨歌傳〉，亦以斷章取義的方式把史書記載融入其敘述之中。

　　如此乖離原典或史實的長恨歌故事並不只存在於《今昔物語集》中。《今昔物語集》諸注釋書中指出，類似《今昔物語集》的故事，在歌論書《俊賴髓腦》中也可以看到。

　　《俊賴髓腦》的長恨歌故事裡的安祿山是「依世人所望」而舉兵的。安祿山因充份理解百姓在楊國忠的惡政中所受的折磨才決定興兵謀反的故事結構，與《今昔物語集》的安祿山形象類似，但這兩個故事還是存在著明顯的差異。

　　《今昔物語集》中，楊貴妃是被陳玄禮所殺，而《俊賴髓腦》則記載安祿山本人下手殺死楊貴妃：

> 安祿山說：「請求陛下賜楊貴妃死，以平天下的忿怒。」皇上戀戀不捨地交出楊貴妃，安祿山就在皇帝的眼前殺死了楊貴妃。[8]

---

[8] 橋本不美男校注：《俊賴髓腦》，收入日本古典文學全集：《歌論集》（東京：小學館，1975 年），頁 241。

從史實的角度來看，安祿山在玄宗跟前殺死楊貴妃，是非常荒誕無稽的事情。《俊賴髓腦》的故事比《今昔物語集》更乖離原典。

但被歪曲的長恨歌故事也不僅存在於《今昔物語集》和《俊賴髓腦》二書中。類似《今昔物語集》和《俊賴髓腦》的長恨歌故事也存在於《和漢朗詠集》古注釋書群。《和漢朗詠集》的中世紀注釋學界對〈長恨歌〉、〈長恨歌傳〉也進行了原文分析及故事詮釋，《和漢朗詠集》古注釋書群中的長恨歌故事即反映了這項成果。將〈長恨歌〉、〈長恨歌傳〉及《舊唐書》、《新唐書》等融合成一個故事，如此複雜的工作應是注釋學者所為，完成於《今昔物語集》、《俊賴髓腦》的作者之手的可能性較低。位於〈長恨歌傳〉等中國文獻和《今昔物語集》、《俊賴髓腦》等日本長恨歌故事之間，起著接連作用的《和漢朗詠集》古注釋群中的長恨歌故事，是相當值得注目的。

二、朗詠注中的長恨歌故事

平安時代中期，藤原公任蒐集日本和中國的佳句，並編成詩歌集：《和漢朗詠集》。這本書為此後的日本文學帶來絕大的影響。此外，注釋《和漢朗詠集》的書籍也大量問世，並被統一稱為「朗詠注」。朗詠注不只解釋詞語及詩句，其特色在於收錄了許多與《和漢朗詠集》中的詩歌有關的故事，其中也包括長恨歌故事。

這些種類繁多的朗詠注本，又由黑田彰細分為七個系統：

江注系、私注系、註抄系、永濟注系、和談鈔系、書陵部本系、見聞系。[9]其中故事性較豐富者爲見聞系、永濟注系、書陵部本系等三個系統的注本。[10]以下先討論屬於院政期以前成立之見聞系注釋系統的《國會圖書館本和漢朗詠注》。[11]其中〈長恨歌〉之注文有五處，最爲詳盡的注文是源順之詩句：「楊貴妃歸唐帝思，李夫人去漢皇情」（古典大系本號碼 250）的注解部分：

> 楊貴妃者，其名為楊貴妃（楊玉環）。皇上因寵愛她，
> 而完全不理朝政。貴妃兄長楊國忠者，偷篡丞相之位，
> 掌握國政之權，因此引起很大的民憤。當時有一位名叫
> 安祿山的武士，為了平息民憤，遂謀畫一計，向皇上上
> 奏說：「請御幸馬嵬出獵。」皇上沒有警惕之心，就帶
> 著楊貴妃去了馬嵬。安祿山於是帶領眾多士兵跪在皇上
> 的坐騎前請命：「臣願皇上把楊貴妃交給臣，以平民憤。」
> 皇上雖覺不捨，但也明白無法拒絕，遂以御衣之袖遮
> 臉，不忍見貴妃死亡的慘狀。安祿山即刻殺死楊貴妃。
> 在此後的歲月中，皇上是如何想念楊貴妃的呢?皇上在
> 退位之後，把皇位讓給肅宗，從此過著隱居的生活。時
> 日一久，樂盡悲來，看著夏天池蓮開放、冬天宮中槐樹
> 落葉，這一切都讓皇上感到哀傷寂寞。關於此一故事的

---

[9] 參見黑田彰：〈室町以前「朗詠注」書誌稿〉，收入《中世說話的文學史之環境》（和泉書院，1978 年）。

[10] 參見伊藤正義、黑田彰編：《和漢朗詠集古注釋集成》（大學堂書店，1994 年），第 2 卷上之「解題」部分。

[11] 收入《和漢朗詠集古注釋集成》，第 2 卷上。

詳細內容，記錄於〈長恨歌傳〉。然而，為什麼說楊貴
妃的死是一種「回歸」呢?因為貴妃原是蓬萊仙女，因
與唐帝的宿緣，暫且下凡成為唐帝的愛妃。待緣分已
盡，遂回歸仙宮，故云「回歸」也。[12]

在這個故事裡，安祿山仍是正義之士。他「爲了平息民憤，遂
謀畫一計，向皇帝上奏說:『請御幸馬嵬出獵。』」用計謀把玄
宗和楊貴妃誘到馬嵬，並誅殺楊貴妃。其中，安祿山爲平息民
憤而造反，並在玄宗面前誅殺楊貴妃等敘述，都揭示這個故事
和《俊賴髓腦》的長恨歌故事十分相似，二者之間有其關聯性。
此外，被認爲是鎌倉初期成立的永濟注，也有相近的內容。[13]

　　這個故事最背離原有文獻的部份是安祿山的策略。安祿山
以打獵爲由把玄宗引誘出來的構思，是如何產生的呢？如同把
安祿山解釋成善人的現象一樣，是出於對〈長恨歌傳〉的錯誤
詮釋。

　　在〈長恨歌傳〉裡，「翠華南幸，出咸陽，道次馬嵬亭」、
「既而玄宗狩成都」之語，實際上指的是玄宗從長安脫逃，南
幸蜀地之事。只因爲〈長恨歌傳〉是唐代的作品，不能明寫「玄
宗從長安逃走」，才以「南幸」、「狩成都」等語言模糊事實。
但是，見聞系朗詠注的注釋者如果不具備關於安祿山之亂的正
確歷史知識的話，就容易忽略原文字句所暗示的意思，也就很
有可能望文生義地理解爲「玄宗去成都打獵遊玩」。然而爲了

---

[12]　《和漢朗詠集古注釋集成》，第 2 卷上，頁 132。
[13]　參見《和漢朗詠集古注釋集成》第 3 卷的「解題」部分。

使故事沒有破綻，就順理成章地推衍出這樣的故事內容：忠臣
安祿山爲了斬除惡人楊國忠一族而策謀一計，勸玄宗出外打
獵，並在遊玩之地殺害了楊貴妃。

　　我們在前一章中，討論了《今昔物語集》的長恨歌故事無
疑受到史書的影響，但朗詠注的長恨歌故事，則顯然是在缺乏
史實知識的狀態下形成的。因此，可以說朗詠注的長恨歌故事
是僅只依據〈長恨歌〉、〈長恨歌傳〉的記載，並爲合乎邏輯而
融入一些虛構的情節而創造出來的。

　　作爲學術性的注釋之作，不查閱史書記載，卻在原著上任
意追加不符史實的虛構內容，無疑是十分奇怪的。但在朗詠注
和《古今和歌集》的注釋〈古今注〉裡，把眾所周知的故事及
人物，改寫爲相貌全非的故事之例，亦並非罕見。日本中世紀
的古典注釋學界就曾創造出各式各樣的異說及異傳。

　　《國會圖書館本和漢朗詠注》中除了楊貴妃故事外，也有
其他諸多特異的故事。例如，解釋王昭君故事之末尾處有如下
的字句：

> 王昭君騎在馬上彈著琵琶、對月唱歌，緩緩前進胡地。
> 漢王因懷戀昭君而染病，爲了奪回美人，遂派遣蘇武、
> 李陵等人前往胡地。[14]

王昭君和蘇武、李陵的故事，在日本皆是廣爲人知的。只因爲
三人都是漢朝人，且皆曾被囚困於胡地，不同時代的故事便如
此地被融合在一起。

---

[14] 《和漢朗詠集古注釋集成》，第 2 卷上，頁 283。

另一個例子則是關於唐代傳奇《遊仙窟》的，此書在中國已經失傳，但在日本則未散逸，並得以流傳至今。關於此書作者張文成，有如下的記錄：

> 此時有個好色的臣子張文成，非常愛慕武則天。只是因為自己身為臣子，故不敢向武則天表白。但武后已經看出他因愛而焦躁，令人意外的是：武后竟然滿足了他的願望。

> 此事張文成不敢直接寫在故事裡，因此虛構了《遊仙窟》的故事。……叫做《臣軌》的書是武則天所作，並把此書作為《遊仙窟》的回信，送給張文成。[15]

武則天和張文成私通的故事在漢籍裡沒有相關記載，但武則天和張文成是同時代的人，武后編輯《臣軌》也是事實。創造這個故事的人並不是對張文成及武則天完全無知，而是相當熟知歷史之人，但卻創造出如此荒謬的故事，著實令人訝異。這個異說可能在《遊仙窟》的注釋中出現，而被朗詠注引用。

關於注釋，中世紀的日本人懷抱何種意識而使充滿創造性的異說誕生？其背後又有何種思想存在？為了究明這些問題，實有必要分析及探索諸多類似的故事。

回到朗詠注的長恨歌故事之論題，室町初期出現[16]的書陵部本系注諸本之一《廣島大學本和漢朗詠集假名注》，[17]也有如

---

[15]　《和漢朗詠集古注釋集成》，第2卷上，頁285。

[16]　《和漢朗詠集古注釋集成》，第2卷上，解題。

[17]　《和漢朗詠集古注釋集成》，第2卷下。

下有趣的記載：

> 物語曰：〈長恨歌〉說的是玄宗只寵愛楊貴妃，而疏忽
> 了國政。在百姓困苦之時，貴妃的養子安祿山為此悲
> 痛。雖然貴妃是自己的養母，但國家已經因她而陷入混
> 亂，因此決定要殺死她。在皇帝帶著楊貴妃行幸馬嵬
> 時，安祿山率兵殺死了楊貴妃和楊國忠。貴妃死後，玄
> 宗因為過於悲哀，遂在成都讓位於太子。[18]

這是白居易「遲遲鐘漏初長夜，耿耿星河欲曙天」（234）的注
釋文字，安祿山因憂國而殺死楊貴妃的故事梗概，跟見聞系的
注釋類似。安祿山曾為楊貴妃的養子這段滑稽的史實，被融入
這個故事裡，把安祿山描寫成為國家而斷私情的人物。

　　此故事起頭的「物語曰」之「物語」所指為何？與《廣島
大學本和漢朗詠集假名注》一樣屬於書陵部本系注的《書陵部
本朗詠抄》[19]中，源順「夜遊人欲尋來把寒食家應折得驚」（138）
的注釋上記載楚莊絕纓的故事，並寫著「其委細，登載於《唐
物語》。」[20]《唐物語》和朗詠注的故事有密切的關聯性，[21]這
裡說的「物語」很容易令人聯想到《唐物語》，但其實其為《唐
物語》的可能性並不大。因為《唐物語》的長恨歌故事看不到
如下的朗詠注長恨歌故事之特徵：（一）憂國憂民的安祿山形

---

[18]　《和漢朗詠集古注釋集成》，第 2 卷下，頁 614。

[19]　《和漢朗詠集古注釋集成》，第 2 卷下。

[20]　《和漢朗詠集古注釋集成》，第 2 卷下，頁 351。

[21]　參見三田明弘：〈《唐物語》的題材和主題—與朗詠注的關聯—〉，收入《說
　　話文學研究》，39 期，2004 年。

象。(二) 玄宗之行幸沒有被描寫爲逃離長安 (見聞系、永濟注系認爲是安祿山的陰謀;書陵部本系、《俊賴髓腦》沒有記載行幸的理由。)(三) 安祿山殺害楊貴妃。

　　《唐物語》的長恨歌故事中,安祿山因與楊國忠不睦而叛亂、玄宗逃離長安,及陳玄禮殺死楊國忠等記載,不少是依據史書,而荒誕無稽的成份較少。

　　換言之,日本的長恨歌故事可分成兩個系統:一爲因誤讀〈長恨歌傳〉而形成的憂國之士安祿山型,其類型在朗詠注及其同系列的《俊賴髓腦》所記載的長恨歌故事中可以看到。另外一種類型則如同《唐物語》一樣,是立足於史實的故事型態。

　　《今昔物語集》的故事將安祿山描寫成正義之士,但其中安祿山擔任大臣、玄宗從長安脫逃,及有關陳玄禮的記載,皆與《唐物語》相同,應該是兩個類型的折衷型。另外,同爲憂國憂民之士,朗詠注的安祿山是因爲民怨起而叛亂,而《今昔物語集》中安祿山之起兵乃因想要「改正天下」,在此,安祿山身爲參政者的主動性比較濃厚。其理由在於《今昔物語集》的長恨歌故事和其前後幾個故事之內容主題均爲「君臣的理想形象」。[22]因此,《今昔物語集》故事末評語也一再強調君臣之道。

　　關於〈長恨歌〉的物語要再附帶說明的話,《更級日記》也有如下的一段:

---

[22] 詳參三田明弘:〈《今昔物語集》卷十震旦付國史的帝王故事群和《貞觀政要》〉一文,收錄於《說話文學研究》,35 期,2000 年。

聽說世上某處，有一部由〈長恨歌〉改寫而成的物語，
我想閱覽，但不知如何借看？但我在不久後即尋找到適
當的途徑，於七月七日給對方寫信：「我因懷念過去玄
宗和楊貴妃山盟海誓之日，故大膽提出欲借此物語一覽
的請求。」

回信：「我懷念今天是牛郎、織女相會之日，忘掉不吉
祥的事吧。（此物語借給你吧！）」[23]

這一段提及的由〈長恨歌〉改寫的物語已經失傳，是散逸的物
語，其內容無從得知。但若《廣島大學本和漢朗詠集假名注》
的「物語曰」是指此類物語的話，爲進一步了解〈長恨歌〉異
傳出現之起源，有必要追溯朗詠注之前的文獻。

三、《平家物語》中的長恨歌故事

在軍記物語作品裡，可以發現各式各樣的長恨歌故事片
斷。其中特別值得注目的是《延慶本平家物語》裡的長恨歌故
事。

《延慶本平家物語》的長恨歌故事並沒有把安祿山描寫爲
正面人物。此物語先交代安祿山與楊國忠的對立關係，再明寫
安祿山是個奸臣：「那個叫做安祿山的大臣，懷有奸佞之心，

---

[23] 秋山虔校注：新潮日本古典集成：《更級日記》（東京：新潮社，1980 年），
頁 40-41。

一心想消滅楊國忠，並掌握國政大權。」（第一末）[24]又在第三
末「太伯昴星事付楊貴妃被失事并役行者事」裡，先說明安祿
山對楊國忠的嫉妒之心（「那個叫安祿山的人十分妒嫉」），然
後詳述安祿山如何對諸大臣講述殺死楊貴妃之表面上名正言
順的理由：

> 因皇帝不早朝，紫震殿頗為冷清。治道荒廢，使天下為
> 之歎息。此事非為他故，只因皇上寵愛楊妃。連月卿也
> 會嘆息國土之衰弱，雲客亦憐憫貴賤之悲哀。故非殺死
> 楊妃不可。[25]

而殺害楊貴妃的場面如下：

> 在王城西方百餘里處，安祿山搭設了一座高樓，並在此
> 演奏管弦，勸皇帝御幸。人畢竟不是神，皇帝並未察覺
> 安祿山的真正意圖。於是，皇后、皇帝一起前往這座高
> 樓。跟隨皇帝前往的兵馬成千上萬。此時，六軍徘徊不
> 前，引發眾人驚異，安祿山遂於馬嵬道旁殺了楊國忠。
> 接著，又奪取楊貴妃所乘鑾輿，並終於也殺害了貴妃。

安祿山為了引誘玄宗和楊貴妃，特別搭設高樓，設管絃之宴。
這段情節也許是根據玄宗和楊貴妃在音樂方面有深湛造詣之
史實。總之，這個故事內容與原來的長恨歌故事相距甚遠。但

---

[24] 北原保雄、小川榮一編：《延慶本平家物語・本文編》上、下（東京：勉
誠社，1990 年）

[25] 《延慶本平家物語・本文編》下，頁 6-7。

從原典〈長恨歌傳〉至本故事之內容的變化過程中，若把前述朗詠注的長恨歌故事排列其間，即可窺見在「用策略引誘皇上」的主題上漸次複雜化的過程。

《延慶本平家物語》長恨歌故事的情節是屬於朗詠注型的，但關於安祿山的人物塑造方面，《延慶本平家物語》並沒有採取朗詠注型長恨歌故事的一大特點「憂國之士安祿山」，而把安祿山設定爲奸臣。在這方面《今昔物語集》和《延慶本平家物語》是顯然不同的。《今昔物語集》的故事內容大致符合史實，但在安祿山的形象方面，卻能看出朗詠注的影響。

跟《延慶本平家物語》同屬「讀本系平家物語」的一種，《源平盛衰記》保卷第五裡有「楊貴妃被安祿山誘騙出來」一段文字。若不知朗詠注或《延慶本平家物語》中的「用計謀把皇帝引誘出來」之情節，而欲理解此文，無疑是十分困難的。

著眼其他的軍記物語，在《平治物語》裡有一段：「爲了說明過於驕傲的人不久即會滅亡的道理，把安祿山畫在畫上，編成三卷之書」的故事。

《太平記》裡也有長篇的長恨歌故事，但不屬於上述的長恨歌故事系列。其內容具有很明顯的獨立性，故無法從與朗詠注的關聯上論述。

四、楊貴妃與熱田明神之傳說

在鎌倉時代末期出現的傳說中，有別於上述長恨歌故事群的楊貴妃故事，竟有把楊貴妃描述爲名古屋的熱田明神之化身

者。[26]屬於此類型的故事通常有如下內容：玄宗通過開元之治充實了國力，接著，就在他想攻打日本之時，明神變化爲楊貴妃誘惑玄宗，並阻止他的野心。在此引用一則在室町時代後期成立的《雲州樋河上天淵記》中的記載：

> 四十五代聖武天皇和四十六代孝謙天皇之時，李氏唐朝的玄宗準備以大國的威力奪取日本。當時日本的大小神明於是聚集商討對策。請熱田之神變化爲楊家之女楊貴妃，迷惑玄宗，使其打消攻打日本的野心。楊貴妃在馬嵬坡詐死，而乘船到尾州智多郡宇津美浦，返回熱田神宮。[27]

熱田神宮和楊貴妃爲何被連起來呢？因熱田之地理位置臨海，被稱爲「蓬萊島」，所以熱田被認爲是〈長恨歌〉中「昭陽殿裡恩愛絕，蓬萊宮中日月長」裡的蓬萊宮。江戶時代之〈長恨歌〉的通俗注釋書《楊貴妃物語》中，關於此句的解釋，有如下的記載：

> 謂蓬萊、方丈、瀛洲。此山中有仙人居住，還有長生不老之神藥。此山在大海之中，就是指日本，分別爲日本的駿河之富士山、尾張之熱田，以及紀井之熊野。秦始皇之時，派遣道士徐福尋覓長生不老藥，因而來到紀州的熊野。且唐玄宗之時，方士楊通幽爲找尋楊貴妃而探

---

[26] 詳參劉雨珍：日中文化交流史叢書 10：人物：《幻想的往還 2：楊貴妃》（大修館書店，1996 年）。

[27] 續群書類從完成會：《群書類從》，第 2 輯。

訪尾州的熱田。玄宗時，因為天下國泰民安，皇上意圖
征服日本，故派人對日本展開偵查。因此，熱田明神變
化成貴妃擾亂唐之天下，以拯救日本。[28]

從以上引文可知日本有把蓬萊、方丈、瀛洲等三座仙山視爲日
本的富士山、熱田、熊野的說法。

在此故事中，從日本國家安全的角度，對安史之亂賦與正
面意義。但實際上在安史之亂發生時，日本的反應究竟是怎樣
的呢？

日本政府於安史之亂發生三年後的天平寶字二年（758），
淳仁天皇的時代，才得到安史之亂的訊息。九月回國的遣渤海
使小野朝臣田守，於十二月進京，並報告了這項訊息。

朝廷因爲此一消息而震撼，並命令太宰府加強防衛。安祿
山的反叛可能會遭遇失敗，而叛軍有可能因此將矛頭轉向日本
之不安情緒，於此時嚴重襲擊了日本朝廷。[29]當時，主宰朝廷
的是居於太保地位的藤原仲麻呂，而在太宰府擔任太宰大武的
是吉備真備。由此可見，安史之亂不但沒有爲日本帶來安全
感，反而被日本人視爲新的危險因素。

五、總結

〈長恨歌〉、〈長恨歌傳〉對日本文學的巨大影響是毋庸贅

---

[28] 倉島節尚編：古典文庫第 478 冊：《やうきひ物語》（1986 年），頁 239-240。
[29] 詳參岸俊男：《藤原仲麻呂》（東京：吉川弘文館，1969 年）。

言的。但安祿山之亂的史實遭到嚴重扭曲，而自院政期以後，被歪曲的長恨歌故事在日本相當普及。本文以院政期的朗詠注釋學爲中心，探討了此一問題。

　　即使是對於非常知名的中國文學作品或人物，在日本卻屢見背離原典而重新賦與獨特理解的現象。此一現象在考察日本人如何承襲漢籍方面，是十分重要的論題。

　　其現象之根本在於中世紀的日本人對於中國歷史故事的認識方式。中世紀的日本人認爲中國故事的本質是中國傳統「理念」的具體表現。與其關心故事所敘述的史事之虛實，對當時的日本人而言，更爲重要的是理解此故事所體現的理念。中國的孝子傳記在日本也相當廣泛普及，但人們並不把它視爲歷史人物的傳記，而是將這些故事當做把「孝」之理念具體化的「故事」來看待與接受。而對於長恨歌故事，有因缺乏歷史知識而產生的誤讀，把「君臣之道」的理念視爲此一故事之主題，結果導致「忠臣安祿山」形象的出現。

　　強調「君臣之道」理念的中國故事，出現在許多日本的故事集中。例如：《續古事談》第六卷是全篇收集中國故事的漢朝卷。其第二個故事描述楊貴妃登場之前，開元之治時的「近世之明王」玄宗，即有以下記載：

　　大國的習慣就是無論是哪位君王，都有傾聽臣下諫言、採用其意見之胸懷，此乃國王的器量。[30]

---

[30] 播摩光壽、磯水繪、小林保治、田嶋一夫、三田明弘編：《續古事談》（東京：おうふう，2002 年），頁 134。

「大國的習慣」之說法清楚地表現出，對於當時的日本人來說，中國是產生諸多理念，並能具體表現其理念的國家。

此現象類似於當今的日本人把美國視爲體現「自由和民主」的國家，在美國所發生的不論是好事或壞事，常常被理解爲唯有「自由和民主」的社會才會發生的現象。

中世紀日本人「翻譯」而閱讀中國故事之行爲，主要是爲解讀中國的理念，甚至有時候因爲太重視其理念之故，會將故事原來的內容加以改造。但即使與原故事不甚一致，仍「翻譯」了大量的中國故事，而這些中國故事成爲日本中世紀文學思想方面的支柱。

關於「日本漢學（日本漢文學）」的「中國性」：

以《翰林五鳳集》的漢詩為例

海村惟一[*]著

一、前言

關於「日本漢學（日本漢文學）」[1]的「中國性」問題，拙著《五山文學之研究》第五篇〈留學詩僧的五山漢詩的比較研

---

[*] 日本福岡國際大學國際交流學部助教授。

[1] 關於「日本漢學」與「日本漢文學」概念之區別，儘管在《日本漢學研究初探》（日文版：勉誠出版社，2002 年；中文版：臺北：國立臺灣大學出版中心，2004 年）一書中，楊儒賓、張寶三、鄭清茂三位教授已經作了解釋，但它確實是一個很難疏理的概念，故欲另文專題探討。此處就本文所用的「日本漢學（日本漢文學）」之形式略作說明。就管見而言，「日本漢學」之「漢學」，乃俞樾《茶香室叢鈔‧記日本國人語》：「日本之講漢學，自伊藤仁齋（1627-1705）始」之「漢學」，故謂日本人研究中國之學問。而「日本漢文學」乃指日本人以漢字來辯理抒情、作文吟詩，此乃漢字文化圈的特殊文化現象。儘管目前正在進行一個由日本二松學舍大學執行的日本文部省指定的〈構築日本漢文學研究的世界據點〉COE 計畫，但是縱觀現今日本、臺灣、中國之學界，在使用「日本漢學」與「日本漢文學」的關鍵字時，其概念還是極為模糊的。本文的研究對象是「日本漢文學」。為了不違會議學術主題之要求，故取楊儒賓、張寶三二位教授所界定的廣義「日本漢學」，深恐讀者誤解我的界定，在「日本漢學」之後又加上「日本漢文學」，作為其內容的說明。我的界定若一言以蔽之，「日本漢學」乃「日本漢文學」的一個分支，這種分支還有「日本漢詩」、「日本書道」等。

究〉[2]以五山第二相國寺六世住持「五山詩聖」絕海中津國師
（1336-1405）的《蕉堅稿》（1403）爲「點」，通過詳細的考察，
從反面論證了日本漢學的「中國性」。[3]而本文將換一個視點，
以總集五山文學作品（1191-1620）[4]之敕撰詩集《翰林五鳳集》
（1623）爲「面」，從正面來進一步深入考察「日本漢學」中
「中國性」之全貌。

二、關於《翰林五鳳集》

　　《翰林五鳳集》係五山之上南禪寺二百七十世住持、五山
文學末期的碩學以心崇傳國師（1569-1633）所編敕撰詩集，集
自虎關師煉國師（1278-1346）以來三百年間五山文學之精華，
按「象易卦之數則至其奧義」[5]而編爲六十四卷，以「配芬陀

---

[2]　參閱拙著：《五山文學之研究》（東京：汲古書院，2004 年），頁 401-535。

[3]　拙著：《五山文學之研究》主要是研究日本詩僧如何受容中國文化，使之成
　　爲日本文化的一個組成部分，即爲了證明日本漢文學是日本文學的一個重
　　要組成部分，而不是中國古典文學的空間延伸。日本古典文學的基本分類
　　有：上代（大和、奈良時代）、中古（平安時代）、中世（鐮倉、室町時代）、
　　近世（江戶時代）。岡田正之從「日本漢文學史」的角度把上代和中古統
　　稱爲「朝紳文學時代」，以此爲準把中世稱爲「緇流文學時代」，詳參岡田
　　正之：《日本漢文學史》（東京：共立社書店，1929 年）；其實早在三十年
　　前北村澤吉已經把「中世」稱爲「五山文學」（詳參《帝國文學》，1899
　　年），「五山文學」正是日本古典文學史上通過禪僧留學中國而直接接受中
　　國文化的最長的歷史時期，對後世影響極大。請參閱拙著：《五山文學之
　　研究》，頁 239-264。

[4]　參閱拙著：《五山文學之研究》，頁 109。

[5]　參見以心崇傳國師：《翰林五鳳集·序》。

之品則皆名方便」[6]而分爲二十七部。

《翰林五鳳集》是繼以平安貴族作品爲主的敕撰漢詩文三集《凌雲集》（814）、《文華秀麗集》（818）、《經國集》（827）之後，又一部以五山僧侶作品爲主的敕撰漢詩集。[7]

《翰林五鳳集》在日本學術界似乎是被遺忘了，很少有人以論文形式論及此書。[8]《日本古典文學研究史大事典》[9]雖然設了「五山文學」這一項目，但無一字言及此書；《新纂禪籍

---

[6] 同上註。

[7] 關於「日本漢文學」總集，除了敕撰漢詩文三集《凌雲集》、《文華秀麗集》、《經國集》以及敕撰漢詩集《翰林五鳳集》之外，還有私撰漢詩文集，例如：《懷風藻》（751）、《扶桑集》（1000？）、《本朝文粹》（平安後期）、《本朝續文粹》（平安末期）、《本朝無題詩》（平安末期）、《本朝麗藻》（1010？）、《和漢朗詠集》（1012？）、《新撰朗詠集》（1123？）等等，如此規模的「日本漢文學」總集的編撰，到了江戶時代以後可謂鳳毛麟角，但是，明治時代由中國學者俞樾編撰的、以江戶時代漢詩爲主的《東瀛詩選》（光緒九年，明治十五年，1882年），卻是一個值得注意的現象。此外，就以心崇傳國師〈序〉所謂：「本朝風俗之所業者，以歌爲最，以詩次之。因茲敕撰之歌集，雖其數甚蕃，未聞及於詩」之言，可見以心崇傳國師不知有平安時代的「敕撰漢詩文三集」。蔭木英雄亦有此說，見其〈關於《翰林五鳳集》—近世初期漢文學管見—〉，《相愛大學研究論集》，4號，1988年。

[8] 關於對《翰林五鳳集》的正面研究，就管見而言，僅蔭木英雄：〈關於《翰林五鳳集》—近世初期漢文學管見—〉一文，此文共分三次發表，除註7提及者外，還有其二，發表於《相愛大學研究論集》，5號，1989年；其三則發表於《相愛大學研究論集》，6號，1990年。其文可謂先驅之作。儘管鄙見與其觀點同中有異，但仍獲益匪淺。以下還將繼續引用蔭木氏的論點及資料，在此謹對其表示深深的謝意。蔭木氏之文乃以近世初期漢文學的角度，討論《翰林五鳳集》的成立過程、撰者、書寫、構成以及作者諸端，因爲蔭木氏認爲《翰林五鳳集》所收的作品，能引起文學感興者極少，故不願論及其所收之作品。

[9]《日本古典文學研究史大事典》（東京：勉誠出版社，1997年）。

目錄》曾提及藏有此書的翻印本。[10]《日本佛教史・近世篇之
二》[11]在第十章第二節〈金地院崇傳〉裏曾順便提及：元和九
年，後水尾天皇命臣僚集書室町以後的五山僧侶詩作，命崇傳
爲之作序、剛外令柔爲之作跋，其中卷五、九、十三、十四、
十五、十七、十九、二十一、二十三、三十九、五十九收錄了
崇傳的二十三首詩；並抄錄了崇傳之序的全文。[12]《國書總目
錄》[13]雖有其專項，卻僅錄其寫本之所在而已；唯有《日本古
典文學大詞典》[14]設有今枝愛真執筆的《翰林五鳳集》專項；
因其表述較爲詳細，故轉錄其全文如下：

> 《翰林五鳳集》，六十四卷，序目一卷。漢詩文。以心
> 崇傳等編。元和九年（1623）成立。

> 〔內容〕後水尾天皇命以心崇傳以及利峰東銳、英岳景
> 洪、最嶽元良等，書寫集錄有代表性的五山詩僧詩偈，
> 被收入的有虎關師煉、義堂周信、絕海中津、惟肖得岩、
> 江西龍派、希世靈彥、心田清播、萬里集九、橫川景三、
> 天隱龍澤、策彥周良等數十名。分類為春、試筆、夏、
> 秋、冬、招寄分、雜和韻、和韻、送行、雜乾坤門、雜

---

[10]《新纂禪籍目錄》（東京：駒澤大學圖書館，1962 年）的收藏本乃南條文雄
編纂：《大日本佛教全書》（東京：佛書刊行會，1915 年），卷 144-146。

[11]《日本佛教史・近世篇之二》（東京：岩波書店，1953 年）。

[12]《日本佛教史・近世篇之二》僅此寥寥數語，就犯了一個常識性的錯誤。《翰
林五鳳集》收有虎關師煉（1278-1346）的作品，其乃鐮倉時代之詩僧，
怎麼能說是「後水尾天皇命臣僚集書室町以後的五山僧侶詩作」呢？

[13]《國書總目錄》（東京：岩波書店，1972 年）。

[14]《日本古典文學大詞典》（東京：岩波書店，1984 年）。

人倫、雜氣形門、雜生植、雜食器、雜器財、畫圖、扇面、本朝名醫、本朝人名、道號、支那人名、孝純、戀、錯雜、旅泊、感懷、祝贊等二十七部門。

〔諸本〕寫本有國會圖書館本（二十冊）、內閣文庫本（三十六冊）、宮內廳書陵部本（十四冊）、尊經閣文庫本（二十冊）等。

〔翻刻〕《大日本佛教全書》，88-90卷（鈴木財團）。

此可謂少見的《翰林五鳳集》之提要。本文以《翰林五鳳集》來考察「日本漢學」中的「中國性」課題為主，故關於此集本身的問題，擬另文探討。在此，僅就《翰林五鳳集》版本的狀況作一詳考，與《國書總目錄》合校，可知現存「寫本」及「翻刻本」的情況：國會本有三種（六十四卷、二十冊）（卷1-12、18-20、五冊）（鵰軒本、三十四冊），內閣本有二種（六十四卷、目錄二卷、三十六冊、付山林風月集）（享保20年，1735年，寫本十五冊），宮書本有二種（十四冊）（序、自筆、一軸），尊經本（六十四卷、序目一卷、二十冊），京都府本（十一冊），高木本（二十卷、五冊）；此外還有刈穀本（五鳳集、秋部、一冊），成簣本（五鳳集拔粹、萬治〔1658-1660〕寫二冊）。「翻刻本」有「鈴木財團本」的《大日本佛教全書》卷88-90，和本論文所考察的「佛書刊行會本」的《大日本佛教全書》卷144-146兩種。

　　本文擬以《翰林五鳳集》的主體部分（漢詩）為具體的考察對象，來分析日本漢學（日本漢文學）的「中國性」問題。

三、關於《翰林五鳳集》漢詩的「中國性」：
以蘇軾（東坡）的影響為例

　　《翰林五鳳集》所收之漢詩作品，據剛外令柔的「跋」所
稱：

> 自虎關（虎關師煉，1278-1346，聖一派三聖門派虎關
> 派祖，東福寺 15 世，五山碩學之雄，隆盛期重要作家）、
> 乾峰（乾峰士曇，1285-1356，聖一派莊嚴門派乾峰派
> 祖，圓覺寺 25 世，建長寺 33 世，東福寺 17 世，隆盛
> 期重要作家）、空華（義堂周信，1325-88，夢窗派慈氏
> 門派祖，建仁寺 55 世，南禪寺 44 世，五山文學雙璧之
> 一，隆盛期重要作家）、蕉堅（絕海中津，1336-1405，
> 夢窗派靈松門派祖，相國寺 6 世，五山文學雙璧之一，
> 隆盛期重要作家）、惟肖（惟肖得岩，1360-1437，焰慧
> 派第三代，天龍寺 69 世，南禪寺 98 世，衰頹期重要作
> 家）、村庵（希世靈彥，1402-1488，大鑒派第四代，終
> 生黑衣，衰頹期重要作家）、江西（江西龍派，
> 1375-1446，黃龍派龍山派第三代，建仁寺 154 世，南
> 禪寺 144 世，衰頹期重要作家）、瑞岩（瑞岩龍惺，
> 1384-1460，黃龍派龍山派第三代，建仁寺 171 世，南
> 禪寺 181 世，衰頹期重要作家）以下，洎今人之詩。[15]

---

[15] 括弧內容均係筆者所加，詳細內容請參閱拙著：《五山文學之研究》，第 2
篇第 1 章第 2 節、第 3 節。

以上東福寺 230 世住持剛外令柔（聖一派三聖門派虎關派第九代）禪師所列舉的八人，均爲五山文學最爲重要的大詩僧，且門派均勻：聖一派兩門各一名、夢窗派兩門各一名、焰慧派一門一名、大鑒派一門一名、黃龍派龍山派二名（衰頹期崛起的兩大家）。除了五山文學雙璧以及乾峰士曇、惟肖得岩之外，都進入了前二十五名：虎關師煉第十四名，作品 495 首；希世靈彥第四名，作品 882 首；江西龍派第七名，作品 694 首、瑞岩龍惺第六名，作品 882 首。由此可知，剛外令柔禪師自豪地列舉這些，也許是因其認爲此集所收錄者均爲五山文學之精華作品吧。[16]

　　《翰林五鳳集》序曰：「分部著二十題有七」，即把六十四卷的作品分成二十七個部。本文所選擇的以蘇軾（東坡）爲漢詩題材的作品，橫跨了其中四個部，分別收錄在「春部」（二十七首）、「夏部」（一首）、「冬部」（五首）、「支那人名部」[17]（一

---

[16] 請參閱注 8：蔭木氏認爲《翰林五鳳集》所收之作品，能引起文學感興者極少，故不願討論其收錄之作品。此外，蔭木氏對《翰林五鳳集》所收的作品作了統計，排出作品數最多的前二十五名，而後五名沒有具體數字：1. 月舟壽桂（1130 首）2. 天隱龍澤（1124 首）3. 策彥周良（892 首）4. 希世靈彥（882 首）5. 琴叔景趣（705 首）6. 瑞岩龍惺（696 首）7. 江西龍派（694 首）8. 瑞溪周鳳（660 首）9. 景徐周麟（658 首）10. 蘭坡景茝（556首）11. 南江宗侃（550 首）12. 仁如集堯（519 首）13. 西胤俊承（506 首）14.（虎關師煉 495 首）15.（橫川景三 495 首）16. 春澤永恩（471 首）17. 英甫永雄（467 首）18. 驢雪鷹灞（419 首）19. 雪嶺永瑾（409 首）20. 熙春龍喜（391 首）21. 彥龍周興 22. 九鼎竺重 23.（萬里集九）24.（惟高妙安）25. 三益永因。括弧爲筆者所加，帶括弧的僧名乃指被選入《翰林五鳳集》的作品中未涉及蘇東坡題材的。

[17] 按：「支那」一詞，《漢語大詞典》（上海：漢語大詞典出版社，1994 年）

百零三首）裏，這一百三十六首漢詩乃分別出自三十六名詩僧
之手，《翰林五鳳集》共收錄詩僧二百零四名，換言之，可謂
占其總數的 17.6%；而這三十六名詩僧的作品入選數亦相當
高，其中有二十一名進入前二十五名，佔前二十五名總數的
84%；[18]進入前二十五名的二十一名詩僧卻佔其自身總數的
58.3%，可見創作中有以蘇軾爲漢詩題材之作品的詩僧，在《翰
林五鳳集》的撰者眼中是十分重要的。這三十六名詩僧的概略
如下（以《翰林五鳳集》裏出現的前後爲序）：

入選作品多少的順序；《翰林五鳳集》裏出現的前後次序／

受蘇軾詩影響的作品數

九鼎竺重 22（生卒年不詳，法燈派）；1／1

天隱龍澤 2（1422-1500，法燈派，建仁寺 218 世）；2／8

玄圃靈三（1535-1608，大鑒派，南禪寺 266 世）；3／1

惟杏永哲（？-1603，聖一派，東福寺 218 世）；4／1

有節瑞保（？-1633，夢窗派，相國寺 93 世）；5／1

清叔（不明）；6／1

認為最早見於唐人義淨：《南海寄歸內法傳・師資之道》：「且如西國名大
唐為支那者，直是其名，更無別義。」近代日本亦稱中國為支那。關於日
本稱中國為支那，就管見而言，萬里集九（1428-1507）：〈梅花無盡藏，
留雪齋頌並序〉：「而讀支、竺之典墳」，支為支那，竺為印度，詳見《漢
語大詞典》，頁 1376。
[18] 請參閱注 16。

英甫永雄 17（1547-1602，此山派，建仁寺 292 世）；7／1

三章令彰（生卒年不詳，夢窗派，天龍寺 195 世）；8／1

古澗慈稽（1544-1633，夢窗派，建仁寺 294 世）；9／1

梅印元沖（生卒年不詳，古林派，南禪寺 268 世）；10／1

梅心瑞庸（？-1496，夢窗派，黑衣詩僧）；11／1

月溪中珊（1376-1434，夢窗派，相國寺 41 世）；12／3

集雲守藤（？-1621，聖一派，東福寺 223 世）；13／1

剛外令柔（生卒年不詳，聖一派，東福寺 230 世）；14／1

蘭坡景茝 10（1419-1501，夢窗派，南禪寺 226 世）；15／4

驢雪鷹灞 18（？-1558，宏智派，建仁寺 279 世）；16／2

茂彥善叢（？-1541，聖一派，東福寺）；17／5

琴叔景趣 5（？-1507，夢窗派，南禪寺 231 世）；18／6

瑞溪周鳳 8（1391-1473，夢窗派，相國寺 42 世）；19／6

村庵 4（希世靈彥，1402-88，大鑒派，黑衣詩僧）；20／5

瑞岩龍惺 6（1384-1460，黃龍派，建仁寺 171 世）；21／7

江西龍派 7（1375-1446，黃龍派，建仁寺 154 世）；22／8

惟肖得岩（1360-1437，焰慧派，南禪寺 98 世）；23／4

雪嶺永瑾 19（1447-1540，此山派，建仁寺 245 世）；24／7

三益永因 25（？-1521，此山派，黑衣詩僧）；25／9

西胤俊承 13（1358-1422，夢窗派，相國寺 23 世）；26／3

宜竹（不明）；27／4

策彥周良 3（1501-1579，夢窗派，遣明正使）；28／9

春澤永恩 16（1511-1574，此山派，建仁寺 287 世）；29／15

南江宗侃 11（1387-1463，一山派，黑衣詩僧）；30／1

月舟壽桂 1（1460-1533，廣智派，建仁寺 246 世）；31／10

謙岩原沖（？-1421，聖一派，東福寺 79 世）；32／1

熙春龍喜 20（1511-1593，聖一派，東福寺 214 世）；33／2

仁如集堯 12（1483-1574，一山派，相國寺 91 世）；34／1

彥龍周興 21（1458-91，夢窗派，相國寺 79 世）；35／2

萬里集九（1428-1507，一山派，黑衣）；36／1

　　以上，除了清叔、宜竹兩名詩僧的情況不明之外，其餘的三十四名詩僧分別屬於法燈派（二名）、大鑒派（二名）、聖一派（六名）、夢窗派（十一名）、此山派（四名）、古林派（一名、一山派（三名）、宏智派（一名）、黃龍派（二名）、焰慧派（一名）、廣智派（一名）等十一個宗派，可見，東坡詩對日本五山禪林有著廣泛的影響；這三十六名詩僧分別屬於隆盛期（第二期）和衰頹期（第三期），時間橫跨了二百年，可想而知，東坡詩對日本五山禪林有著極大的魅力，尤其是在衰頹

期（第三期）更顯輝煌。

　　蘇東坡在五山文學的衰頹期（第三期）更顯輝煌是有其背景的，在衰頹期中有很多大詩僧都以講授東坡詩為榮，這種講授中國文學的結果使得日本文學又產生一種新的文學樣式，即「抄物」。關於東坡詩的「抄物」僅代表作就有七種，為五山抄物之最。其七種東坡詩抄為：太岳周崇（1344-1423，夢窗派，全愚）撰《翰苑遺芳》、江西龍派（1375-1446，黃龍派，續翠）撰《天馬玉沫》、瑞溪周鳳（1391-1473，夢窗派，臥雲）撰《脞說》、萬里集九（1428-1507，一山派，梅庵）撰《天下白》、一韓智翊（聖一派，1504-1520 為其大顯身手時期）撰《蕉雨餘滴、笑雲清三（1492-1520？，聖一派）撰《四河入海》、旃室周馥（生卒年不詳，夢窗派，破關子）撰《翰林殘稿》等。

　　下面我們先設一個「點」進行細部式的考察；然後，不分部地以「面」的方式進行統計性的考察，以期探明日本漢詩的「中國性」之基本形態。

（一）以「點」為考察對象

　　所謂「點」，即把十五位詩僧以蘇軾的〈上元侍飲樓上三首呈同列〉為題材而創作的四題十五首漢詩，作為一個「點」進行考察。茲將收錄在《翰林五鳳集・春部》裏的這十五首漢詩全部摘錄如下：

〈東坡上元侍宴圖〉九鼎竺重 22（生卒年不詳，法燈派）

001 翰苑鶴天遭遇恩，華燈影裏宴端門。女中堯舜登仙後，隔海黎家作<u>上元</u>。

〈讀東坡戊寅上元詩〉天隱龍澤 2（1422-1500，一山派，建仁寺 218 世）

002 取笑海南春夢婆，端門榮遇十年過。可憐黎舍<u>上元</u>夜，獨剪寒燈待小坡。

〈讀東坡上元侍飲詩〉玄圃靈三（1535-1608，大鑒派，南禪寺 266 世）

003 端門賜宴宴筵酣，坡老恩榮世所諳。雪竹應恰半山寺，燈宵不夢見<u>傳柑</u>。

又惟杏永哲（？-1603，聖一派，東福寺 218 世）

004 酒是不能何倒觴，具瞻元夕弄文章。群臣可怪天香裏，<u>一朵雲紅</u>一□黄。

又有節瑞保（？-1633，夢窗派，相國寺 93 世）

005 坡老題詩賀<u>上元</u>，燈夕喜色照端門。群臣侍飲眾皆醉，又是先生猶醒原。

又清叔（不明）

006 <u>上元</u>賜宴賦詩哦，千載傳來讀者多。縱使侍臣皆<u>鵠立</u>，奇才誰及一東坡。

又英甫永雄 17（1547-1602，此山派，建仁寺 292 世）

007 坡老侍恩元佑君，通明殿上坐宵分。先生獨醉不能酒，<u>兩頰紅於一朵雲</u>。

又三章令彰（生卒年不詳，夢窗派，天龍寺 195 世）

008 四海九州知謫仙，吟成詩句一時傳。宋家代久<u>上元</u>宴，

千載東坡賦數篇。

又古澗慈稽（1544-1633，夢窗派，建仁寺 294 世）

009 饗席題詩元夕辰，先生句法喚蘇新。<u>侍臣</u>賜宴君恩外，蕉葉杯中遇聖人。

又梅印元沖（生卒年不詳，古林派，南禪寺 268 世）

010 讀得新詩憶老坡，燈宵賜宴氣尤和。熙豐殘黨相如渴，元佑<u>侍臣</u>恩露多。

又梅心瑞庸（？-1496，黑衣詩僧）

011 天下奇才蘇長公，上元陪宴樂融融。<u>侍臣</u>鵠立今如覿，留在先生詩語中。

又月溪中珊（1376-1434，夢窗派，相國寺 41 世）

012 <u>侍飲上元</u>坡老榮，不能於酒豈虛名。端門燈火卻無色，醉亦文光萬丈明。

又集雲守藤（？-1621，聖一派，東福寺 223 世）

013 仰看<u>紅雲</u>擁紫宸，坡翁吟賞<u>上元</u>辰。不能雖入列臣笑，醒亦文章一世人。

又剛外令柔（生卒年不詳，聖一派，東福寺 230 世）

014 白髮東坡旌寸丹，<u>上元</u>設宴賜群臣。御前頒得一杯酒，吐作文章萬丈瀾。

〈東坡端門賜宴圖〉河清侍者扇也。蘭坡景茞 10（1419-1501，夢窗派，南禪寺 226 世）

015 端門賜宴玉堂仙，<u>一朵紅雲</u>擁禦筵。三閱河清南極老，記茲元佑<u>太平年</u>。

　　我們先以這四題十五首日本漢詩爲一個「點」，對其進行
細部式的考察。體現在這些漢詩裏的「中國性」特徵有三方面：
其一，就題材而言均源於蘇軾〈上元侍飲樓上三首呈同列〉，[19]
此可謂題材的依存性；其二，乃詩語的襲用性，如蘇軾的〈上
元侍飲樓上三首呈同列〉詩中的「侍臣鵠立」、「一朵紅雲」、「傳
柑」等詩語，甚至包括詩題的「上元」、「侍飲」等詞語，均被
反覆襲用，參看引詩中有旁線的詩語，均屬此類。其三，乃詩
語的變容性，如變「一朵紅雲」爲 04「一朵雲紅」以及 07 的
「紅於一朵雲」，變「升平」爲 015 的「太平年」，參看引詩中
有雙旁線的詩語，均屬此類。

　　綜上所述，就「點」而言，日本漢詩的「中國性」反映在
題材的依存性、詩語的襲用性、詩語的變容性這三方面，當然，
這些都是建立在平仄、韻律均正確的基礎之上的。關於日本漢
詩的平仄、韻律完全中國性的問題，不屬於本文的討論範圍。

（二）以「面」爲考察對象

　　所謂「面」即把分布於各部的漢詩作爲一個整體來考察。
下面把《翰林五鳳集》「春部」的下一部分，以及「夏部」、「冬
部」、「支那人名部」（一部分）所收的六十七首日本漢詩摘錄
如下：

---

[19]　清・王文誥輯注：《蘇軾詩集》（北京：中華書局，1982 年），頁 1955。

「春部」

〈讀東坡壬寅二月奉詔往鳳翔屬縣詩〉驢雪鷹灞 18（？
-1558，宏智派，建仁寺 279 世）

016 奇才可惜任微官，傳詔區區二月寒。更向淩虛臺上看，
筆端千萬丈波瀾。

又同

017 公出鳳翔遊幾家，壬寅二月滿天霞。此行似少子由第，
五百言詩不道花。

〈讀東坡安國寺尋春詩〉，坡詩二十二卷，茂彥善叢（？
-1541，聖一派，東福寺）

018 尋春安國古招提，白髮東坡路轉迷。依舊村村花又柳，
喜君斯地續前題。

又同

019 花如錦繡柳如絲，安國名藍春色奇。不得東坡境何重，
至今留見一篇詩。

〈東坡玉堂種花圖〉琴叔景趣（？-1507，夢窗派，南禪寺
231 世）

020 花繞玉堂雲亦紅，昨非今是一吟中。半山松竹蕭條日，
春屬翰林蘇長公。

〈東坡吉祥寺看花圖〉瑞溪周鳳 8（1391-1473，夢窗派，
相國寺 42 世）

021 蜀客寓餘杭，洛花開吉祥。相逢兩英物，何恨在他鄉。

〈讀東坡海棠詩〉村庵（希世靈彥 1402-88，大鑒派，黑

衣詩僧）

　　022 擢錦江頭數□霞，寸根何日落天涯。高燒銀燭深夜看，人是蜀人花蜀花。

　　〈東坡愛海棠圖〉瑞岩龍惺（1384-1460，黃龍派，建仁寺171 世）

　　023 白髮黃州蘇謫仙，海棠樹下寫新篇。似消杜老無詩恨，花笑夜深銀燭前。

　　又江西龍派（1375-1446，黃龍派，建仁寺154 世）

　　024 銀燭煌煌奪絳霞，海棠花下醉中斜。夜深不得須臾睡，花未惱公公惱花。

　　〈東坡詠海棠圖〉惟肖得岩（1360-1437，焰慧派，南禪寺98 世）

　　025 銀燭高燒花近眼，竹籬一笑酒均唇。海棠隨處待坡老，情是鄉人義故人。

　　又琴叔

　　026 高燒銀燭坐春風，南國照看西蜀紅。似訴少陵無詠恨，夜深不睡對蘇公。

　　〈讀東坡上巳二三子出遊詩〉茂彥

　　027 桃花爛漫凝紅唇，攜友蘇仙賞此辰。今日愧吾非厥數，十三上巳可斯春。

　　「夏部」

　　〈東坡賞芍藥圖〉缺（漏編）

〈東坡端午遊真如門〉雪嶺永瑾（1447-1540，此山派，建仁寺 245 世）

028 七端午別鬢添絲，往到筠州更失期。兄弟古稀佳節會，山東九日少王維。

「冬部」

〈坡仙雪堂圖〉三益永因（？-1521，此山派，黑衣詩僧）

029 萬里黃州卜謫居，北歸未遂發蕭疏。羈愁他日解如雪，仁政回春元佑初。

又同

030 一宇新成風雪寒，黃州逐客鬢凋殘。平生慣聽對床雨，今夜疏疏耳不酸。

〈題東坡雪堂圖〉琴叔

031 四海東坡百州名，黃岡滴寓亦恩榮。玉堂爭似雪堂好，故舊情深馬正卿。

〈東坡雪中會聚星堂圖〉西胤俊承（1358-1422，夢窗派，相國寺 23 世）

032 仙晏堂開小雪中，霜眉老守酒腸雄。誰能白戰鬥詩力，四十年前一醉翁。

〈讀東坡饋歲詩〉宜竹（不明）

033 蜀俗窮冬置酒邀，在官蘇二獨蕭條。我今多謝歲君增，鬢髮添斑牙齒搖。

「支那人名部」

〈東坡先生畫像〉江西

034 玉堂春夢轉頭空，萬里又投黃霧中。爲弟吾公嫌迫隘，天南駕與大鵬風。

又瑞岩

035 論杵權臣投赤壁，才蒙聖眷直蠻坡。誰知天上名歸處，一是一非春夢婆。

又惟肖

036 金明池畔車喧曲，多景樓前花作輪。白日飛升人不識，朱崖陽羨蛻餘塵。

又同

037 南來莫怪玉堂蘇，乞與江山托稱呼。不訪黎家歸戴笠，儋州何以上邦圖。

又同

038 頭上子瞻優亦賢，當時神廟一歡然。不梟二虜非遺憾，棄置奇才十九年。

〈贊東坡〉村庵

039 先生畫裏聞吾歌，一兩點花春已多。何事風前清穎水，鬚眉吹亂百東坡。

又同

040 天地之間唯一翁，無人不道學蘇公。文光映徹扶桑日，東海依然在袖中。

又宜竹

041 七世文章第一名，無人修得到先生。子孫宰相有遺詔，
野荼春香玉糝羹。

〈贊東坡〉策彥周良（1501-1579，夢窗派，遣明正使）

042 笠破履穿頭已翁，真非真是百無功。翰林風月蠻村雨，
都在一場春夢中。

〈讀東坡喜雨亭記〉策彥

043 亭以蘇仙文物誇，雨聲未斷喜色加。只今聖代爲多露，
複睹舜田秋穀花。

又春澤永恩（1511-1574，此山派，建仁寺，287 世）

044 坡翁喜雨自相嘉，亭上時逢農夫誇。縱是無禾何足論，
溫公若在可澆花。

又瑞溪

045 繞簷點滴盡歡聲，眾客斟春會一亭。他歲傷心卯君約，
蕭蕭不似此時聽。

〈東坡賜金蓮燭歸翰林院圖〉天隱

046 子瞻在宋令狐唐，共賜金蓮歸玉堂。爭似春遊秉銀燭，
海棠花下照紅妝。

〈蘇內翰賜金蓮圖〉雪嶺

047 宣仁寵軾賜金蓮，除此奇才誰執權。豈料南荒上元夜，
恩光消盡散青煙。

又同

048 老坡是七世文章，曾賜金蓮歸玉堂。忍見他年海南地，
松明無復此恩光。

又三益

049 金蓮光動玉堂西，太后垂簾恩有私。不破熙豐天下暗，先生賜燭十年遲。

又春澤

050 誰道坡翁謫八州，玉堂賜燭有何求。青煙散盡無人續，燈火讀書懷遠秋。

〈讀東坡六客詩〉瑞溪

051 前後曾浮赤壁船，兩回作賦筆如椽。吳興山水有遺恨，六客高詞唯一篇。

又南江宗侃（1387-1463，一山派，黑衣詩僧）

052 後會賢非前會賢，可知萍水一時然。蘇公獨掃春雲跡，兩度天涯陪此筵。

〈讀東坡祥符寺觀燈詩〉瑞岩

053 餘杭入幕鬢颼颼，古寺觀燈作淡遊。記得眉山童學日，一驚寒影六經秋。

又雪嶺

054 去汴來杭鬢已星，飄零焦思在熙寧。玉堂未拜金蓮賜，九曲燈花十月瑩。

又三益

055 坡老南仙久在杭，觀燈幾度問禪房。玉堂異日金蓮賜，換盡祥符今夜光。

又春澤

056 久謫餘杭三不能，文章光暗鬢鬅鬙。祥符燈火舊相識，七世曾爲雲水僧。

〈東坡祥符寺觀燈圖〉瑞溪

057 痛飲狂歌元不能，餘杭古寺獨觀燈。今宵天上傳柑宴，詐信先生閑侶僧。

又三益

058 餘杭流落大蘇公，寂寞觀燈古梵宮。窮達有時元佑日，端門喜色萬枝紅。

又三益

059 祥符燈燭映紗籠，此地初迎玉局翁。魚爲先生同不畏，熙寧天下似湯中。

〈東坡望海樓觀潮圖〉月舟壽桂（1460-1533，廣智派，建仁寺 246 世）

060 錢塘江上月明天，潮勢爭豪蘇謫仙。他日飛升南海外，定看斥鹵變桑田。

〈東坡錢塘觀潮圖〉三益

061 壯觀知誇蘇謫仙，胥潮卷雪越山巔。錢塘卻可胸中芥，詩有波潮滔九天。

〈東坡觀廬瀑圖〉春澤

062 天下爭傳廬瀑名，飛流濺沫使人驚。坡翁自一洗詩後，萬丈銀河澄不清。

〈東坡白鶴峰遷居圖〉琴叔

063 真是真非不可聞，玉堂移入鶴峰雲。往還獨許翟天子，都勝門生舊四君。

又同

064 葉紹聖舟來海邦，遷居白鶴寸心降。板扉夜靜峰頭月，換得玉堂雲霧窗。

〈跋三蘇帖詩〉月舟壽桂

065 蘇家父子各風流，萬里南行詩滿舟。夜雨他年翁去後，兄遷瓊海弟雷州。

〈二蘇對床聽雨帖詩圖〉刻燭一寸與雪嶺賦之。月舟

066 軾轍入京嘉佑間，燈前聽雨憶鄉山。老兄不踐對床雨，白髮黎村借笠還。

又同

067 大宋齊名弟與兄，對床夜雨宿彭城。他年流落海南北，借笠蠻村記此聲。

〈東坡泛穎圖〉江西

068 四郡分符三去天，黃岡謫寓亦多年。君看薄相水中影，散作百時真本然。

〈讀東坡泛穎詩〉月舟

069 畫船泛穎鬢皤皤，萬頃風波如世波。四海一身無處著，不須散作百東坡。

〈坡仙泛穎圖〉謙岩原沖（？-1421，聖一派，東福寺 79世）

070 玻璃拭出穎湖波，意匠經營清氣多。只合水中身化百，由來天地一東坡。

〈蒲澗疏鐘〉雪嶺

071 萬里南遷奈老坡，聞鐘蒲澗旅愁多。五更緩打道人手，要續玉堂春夢婆。

又三益

072 坡老曾成蒲澗游，疏鐘時出夕陽樓。□□喚醒是非夢，

始是斯身在廣州。

　　又茂彥

　　073 蒲澗籠雲接瘴鄉，疏鐘聲裏欲斜陽。春容耳熟海南寺，前世浮圖蘇玉堂。

　　〈讀東坡蒲澗寺詩〉雪嶺

　　074 寺古安期舊隱傍，坡翁題壁綠苔荒。僧窗難續玉堂夢，蒲澗疏鐘送夕陽。

　　〈東坡邇英閣講論語圖〉月舟

　　075 香孩曾定宋乾坤，功在韓王半部論。好召坡翁紹先業，學而時習聖雲孫。

　　又熙春龍喜（1511-1593，聖一派，東福寺214世）

　　076 假送魯論旌寸丹，玉堂赤壁鬢霜寒。篇篇講罷猶盈耳，雨後溪聲舌上瀾。

　　〈李節椎待東坡圖〉策彥周良

　　077 風水洞邊溪彴橫，蘇公遠逐李公行。東君有意浮梅萼，先使人知勞待情。

　　〈東坡追李節椎圖〉策彥

　　078 蘇氏過追李氏行，至今圖上得佳名。岩花香與春禽語，怨入東風畫不成。

　　〈扇面李節椎圖〉春澤

　　079 坡老山行吟曳筇，溪橋曉溜水溶溶。梅花亦似桃花漲，波底遊魚恐化龍。

　　〈題蘇李遊風水洞扇畫〉寄玉宵侍者以述別後之情云。天隱

080 暫別無期光景遷，心如李氏待蘇仙。梅開梅落五橋水，三月猶遲況兩年。

〈李節椎風水洞待東坡〉月溪中珊（1376-1434，夢窗派，相國寺 41 世）

081 李公三日先坡翁，繫馬岩花風水中。春半如秋待君意，溪橋梅萼御溝紅。

〈東坡遊風水洞畫扇〉瑞岩

082 蘇公聞昔守杭時，獨愛新城李節椎。水洞駐驂三日待，曉流梅萼報人知。

〈東坡遊風水洞圖〉天隱

083 年少能詩李節椎，風岩水穴有佳期。梅邊繫馬散紅雪，似恨蘇仙三日遲。

首先，擬對以上引錄的二十名詩僧所作四十一題六十八首日本漢詩襲用蘇軾詩語的情況，作一考察和統計，以討論日本漢詩的「中國性」之一的詩語襲用性。

「玉堂」（頁 1476）的襲用情況：20、31、34、37、46、48、50、54、55、63、64、71。[20]

「夜深」（頁 1186）的襲用情況：23、24、26。

「花睡」（頁 1186）的襲用情況：24、26。

「紅妝」（頁 1186）的襲用情況：46。

---

[20] 所標頁數乃蘇軾原詩出處《蘇軾詩集》的頁數，數碼則是本文所引日本漢詩的數碼。以下均同。

「春夢」（頁 1105）的襲用情況：34、35、42、71。

「東風」（頁 1105）的襲用情況：78。

「岩花」（頁 430）的襲用情況：78、81。

「曉溜」（頁 430）的襲用情況：79、82。

「溪橋」（頁 430）的襲用情況：79、82。

「梅萼」（頁 430）的襲用情況：77、81、82。

「薄相」（頁 1795）的襲用情況：68。

「水穴」（頁 430）的襲用情況：83。

「尋春」（頁 222）的襲用情況：18。

「繫馬」（頁 430）的襲用情況：81、83。

「風岩」（頁 430）的襲用情況：83。

「區區」（頁 579）的襲用情況：16。

「蕭條」（頁 2203）的襲用情況：20、23。

「謫仙」（頁 482）的襲用情況：23、60、61。

「蕭疏」（頁 2559）的襲用情況：29。

「老守」（頁 443）的襲用情況：32。

「白戰」（頁 443）的襲用情況：32。

「清穎」（頁 279）的襲用情況：39。

「寒影」（頁 923）的襲用情況：53。

「燈火」（頁 275）的襲用情況：50、54。

「傳柑」（頁 1955）的襲用情況：57。

「蕭蕭」（頁 524）的襲用情況：45。

「夜靜」（頁 602）的襲用情況：64。

「夜雨」（頁 95）的襲用情況：65、67。

「窮冬」（頁 160）的襲用情況：33。

「斜陽」（頁 1387）的襲用情況：73。

「筆端」（頁 950）的襲用情況：16。

「扶桑」（頁 1391）的襲用情況：40。

「羈愁」（頁 307）的襲用情況：29。

「夕陽」（頁 1040）的襲用情況：72、74。

以上三十四個詩語是直接襲用蘇軾的詩語，這些詩語的襲用頻率如下：「玉堂」的襲用頻率最高，有十二次，其次爲「春夢」四次，「夜深」、「梅萼」、「謫仙」等三次，「花睡」、「岩花」、「曉溜」、「溪橋」、「繫馬」、「蕭條」、「燈火」、「夜雨」、「夕陽」等二次，其餘均爲一次。

　　下面我們接著考察日本漢詩的詩語變容性。考察的結果發現：詩語的變容有兩種。其一，可謂詩語的單純變容，如「高燭」（頁 1186）在 22、23、24、25、46 裏，均變爲「銀燭」了。其二，可謂詩句的複雜變容，如蘇軾「只恐夜深花睡去，故燒高燭照紅妝」（頁 1186）之詩句，在 22 裏被變容爲「高燒銀燭深夜看，人是蜀人花蜀花」，在 23 裏被變容爲「似消杜老無詩恨，花笑夜深銀燭前」，在 24 裏被變容爲「夜深不得須臾睡，花未惱公公惱花」，在 25 裏被變容爲「銀燭高燒花近眼，竹籬一笑酒均唇」，在 26 裏被變容爲「似訴少陵無詠恨，夜深不睡對蘇公」。再如蘇軾「亂我鬢與眉」、「散爲百東坡」、「此豈水薄相」（頁 1794）之詩句，在 39 裏被變容爲「何事風前清穎水，鬢眉吹亂百東坡」，在 68 裏被變容爲「君看薄相水中影，散作

百時真本然」，在 69 裏被變容爲「四海一身無處著，不須散作百東坡」，在 70 裏被變容爲「只合水中身化百，由來天地一東坡」。又如蘇軾「溪橋曉溜浮梅萼」（頁 430）之詩句，在 80 裏被變容爲「梅開梅落五橋水」。從「面」的角度來看，詩語的變容出現單純和複雜的兩種詩語變容。這種詩語變容的技巧可以說已經達到了很高的水準了。

關於題材的承傳性，我們可以從下面這些詩題中看到其多彩的風姿：

084〈題風水洞畫〉熙春
085〈扇面風水洞〉仁如集堯（1483-1574，一山派，相國寺 91 世）
086〈李節椎繫馬岩花圖〉月舟
087〈題岩花繫馬圖寄伊陽故人〉蘭坡
088〈東坡游三遊洞圖〉瑞溪
089〈東坡遊赤壁圖〉村庵
090 又天隱
091〈東坡泛赤壁圖〉春澤
092 又天隱
093〈扇面東坡赤壁圖〉蘭坡
094〈赤壁圖〉天隱
095 又蘭坡
096-098〈蘇公堤圖〉江西三首
099〈東坡雨打〉瑞岩

100〈東坡墨竹〉西胤

101〈讀東坡寒碧軒詩〉宜竹

102〈東坡試院煎茶圖〉江西

103 又瑞岩

104〈讀東坡試院煎茶詩〉瑞岩

105-109 又春澤五首

110〈東坡試院煎茶〉彥龍周興（1458-1491，夢窗派，相國寺 79 世）

111〈蘇仙汲江煎茶圖〉琴叔

112〈讀東坡桂香酒詩〉三益

113-114〈讀東坡松醪〉月舟二首

115〈讀東坡薄薄酒詩〉春澤

116〈東坡負瓢圖〉月舟

117〈讀雪堂羹藜賦〉彥龍

118〈東坡戴笠圖〉江西

119 又西胤

120 又村庵

121 又雪嶺

122〈笠履東坡〉萬里集九（1428-1507，一山派，黑衣）

123 又春澤

124 又瑞岩

125 又天隱

126-127 又策彥二首

128-129 又春澤二首

130〈東坡蓑笠圖〉月溪

131〈東坡書院〉策彥

132-133〈東坡先生祠堂〉策彥二首

134〈東坡遊屈原塔〉茂彥

135〈小坡叢筱圖〉瑞溪

136〈詩律到阿虎〉宜竹

以上所錄「支那人名部」另一部分的十九名詩僧所作的五十三首漢詩的詩題，分別承傳了蘇軾的十六個題材。縱觀一百三十六首有關承傳東坡詩的詩題，分別承傳了蘇軾的三十九個題材，其中承傳率最高者為「上元侍飲」，共十五首，其次為「笠履東坡」共十三首，「風水洞」有十一首，「試院煎茶」有十首，「東坡畫像」有九首，「泛赤壁」有七首，「祥符寺觀燈」有七首，「海棠」有五首，「賜金蓮」有五首，「雪堂」有四首，「蒲澗疏鐘」有四首，「喜雨亭記」有三首，「蘇堤」三首，「泛穎」三首，由此可見，五山詩僧對東坡的興趣所在。

四、結論

綜上所述，若把對《翰林五鳳集》的五山詩僧以東坡為創作題材而創作的一百三十六首作品加以考察與分析，提升到日本漢學（日本漢文學）的層面上來概括的話，我們可以認為日本漢學的「中國性」不僅反映在形式上，而且更反映在內容上。日本漢詩在形式上與中國古典詩歌完全一樣，可以說這一文化

表現形式是漢字文化圈的普遍性。但是，日本漢學在內容上卻呈現出漢字文化圈的特殊性，即日本漢學以漢字文化圈的普遍性（文化表現形式）來表現日本列島的文化獨特性。當然，由於高度發展的大陸文明對日本列島的影響，在日本列島的文化獨特性之中亦呈現出某些大陸性，即中國性的現象。

　　以上所述即爲本文的結論。所謂的「題材依存性」、「詩語襲用性」、「詩語變容性」（「單純變容」、「複雜變容」）乃日本漢詩「中國性」之三大特點。

論六如上人在漢詩上的繼承與開拓：

以季節景物描寫為中心

朱秋而[*]著

一、前言

六如上人生於日本享保十九年（1734），卒於享和元年
（1801），法號慈周，是天台宗的學問僧。江戶後期經歷山本
北山《作詩志彀》（1783 刊）全面性批判古文辭學派偽唐詩的
流弊後，詩壇掀起一股求新求變的新風潮，其中南宋詩成為注
入新意的來源之一，范成大、楊萬里、陸游特別受到推崇。年
輕時隨師赴東都的六如，正好親身經歷此學風、詩風的轉變，
揚棄徂徠學末流的詩作方法，和當時新詩風推動者之一的井上
金峨（1732-1784）交遊。後重返京都，卜居洛東的真葛原，因
教派內的紛爭，隱居於京都西郊的嵯峨。與池大雅、那波魯堂、
谷文卿、伴蒿蹊等文人雅士往來酬唱。詩作收錄於《六如菴詩
鈔》[1]前編、後編、遺稿，共一千七百多首，是詩風革新的先驅，

---

[*] 國立臺灣大學日本語文學系助理教授。
[1] 收錄於《詩集・日本漢詩》8（汲古書院，1985 年），以下引用之六如作品
均根據此一版本。

關西詩壇的重鎮，對江戶後期最具代表性的詩人菅茶山
（1784-1827）的影響尤其不容忽視。

後世對六如、茶山的評價大致以江戶末期九州詩人廣瀨淡
窗的：

> 茶山詩體本於六如，六如詩景多情少，太過濃密，雖初
> 必喜，後易生厭，茶山情景相半，濃淡得中，故久不覺
> 厭。[2]

爲代表。近人富士川英郎討論六如詩作的特色以〈曉霜〉：

> 曉枕覺時雙半晞，滿窗晴日已熹微。臥看紙背寒蠅集，
> 雙腳接娑落復飛。（卷五）

和〈夏日山房睡起偶占〉：

> 萬螆忙忙各作營，午軒眠足眼雙明。幽階群曳蜻蜓翼，
> 靜極似聞邪許聲。（遺編，卷上）

分別受楊萬里〈凍蠅〉：

> 隔窗偶見負暄蠅，雙腳接娑弄曉晴。日影預移先會得，
> 忽然飛落別窗聲。（《誠齋集》，卷十一）

和〈觀蟻〉：

> 偶爾相逢細問途，不知何事數遷居。微軀所饌能多少，
> 一獵歸來滿後車。（《誠齋集》，卷十）

---

[2]　《淡窗詩話》，收入《日本詩話叢書》（龍吟社，1998 年）。

二詩的影響為例，說明六如與宋詩的關係。也以蹈襲南宋詩人
華岳〈驟雨〉：

> 牛尾烏雲潑濃墨，牛頭風雨車軸翻。怒濤頃刻卷沙灘，
> 十萬軍聲吼鳴瀑。(《翠微南征錄》，卷二)

的〈孟冬過鈴鹿山〉：

> 碧玉巉巖黃纈林，雨斜飛處夕曛侵。山靈似欲蹣行客，
> 馬首乍晴馬尾陰。

之奇拔指出六如奇峭的作風。[3]

　　翻開《六如菴詩鈔》，的確以四季為題的作品觸目皆是，
如田居雜詠、雜興等，這明顯受陶淵明、白居易和陸游等中國
閒適詩，以及范成大「四時田園雜興六十首」的影響。

　　在日本的和歌傳統中，四時的概念確立得很早，從《古今
和歌集》的「部立」之後，春、夏、秋、冬成為日本詩歌分類
的典型，南宋以後流行「田園雜興」式的四季歌詠，正好與和
歌分類相吻合，也直接或間接深化了江戶後期詩歌的「和漢同
情」論。[4]

　　本文想藉由六如詩對季節景物的描寫，探討六如詩除了受
中國詩歌影響外，有無其他要素與其詩風之形成相關聯，以下
依景物時序逐一檢討。

---

[3] 富士川英郎：〈六如と茶山〉，收入《岩波詩人選集》月報 4（東京：岩波
　書店，1990 年）。

[4] 鈴木健一：〈近世における和漢同情論〉，東京大學《國語と國文學》，75
　卷，第 1 號，1998 年。

二

（一）野雉、土筆

詩集中六如頻用雉鳥來描寫春天，例如：

> 岸蘆綻筍河豚上，風麥搖波野雉驕。（〈春日舟行至綾瀬村〉，卷四）

> 垂楊渡口晚呼船，野雉聲殘綠岸煙。留客旗亭上燈早，紙鳶猶自坐遙天。（〈墨水晚歸〉，卷六）

> 雉驚迷麥畝，鶯引到林扉。（〈達柴順卿春日訪西峨別墅見贈次韻〉，二編，卷五）

利用岸邊、麥田中的雉鳥的叫聲，並配合「河豚」、「紙鳶」來描寫春天的景緻。又詠：

> 前林暝色蒼然至，野雉一聲春更遲。（〈春日遊巖孟厚別莊二首其一〉，卷六）

> 筥籃滿擷歸來晚，隔壠竚聞華雉聲。（〈郊行即事〉，二編，卷二）

> 午風扇樹花微倦，暮氣橫山雉尚鳴。（〈春日寫懷二首其二〉，同前，卷五）

> 春迴餘巧到蕪菁，花趣滿園多野情。綵雉于飛看不見，

一聲聲外暮山橫。（〈生白樓下六勝之一菜花徑鳴雉〉，
遺編，卷上）

花樹重來新綠深，閑拈落蕊感光陰。意適俱忘長晝盡，
青山影裏雉聲沉。（〈三月廿五日〉，同前）

由句中頻用「暝色」、「歸來晚」、「暮氣橫」、「暮山盡」、「長晝
盡」、「春更遲」，可見詩人想以雉聲鉤點出春日遲遲將盡之感。

在中國詩歌中，所謂春禽即代表春天的鳥類種類不少，舉
凡黃鶯、燕子、歸雁、鷓鴣、百舌、杜鵑等皆是，但有關雉鳥
的描寫卻相當有限。[5]從常用的詩語中檢索，「雉鳴」的詩例不
多，僅星見於《詩經・匏有苦葉》：「有鷕雉鳴」、耿湋「廣川
桑遍野，叢薄雉連鳴」、韓愈「百里不逢人，角角雄雉鳴」而
已，也很難找出與春天的季節感有直接的關連。

在日本，雉鳥為其國鳥，歌詠雉鳥的詩歌出現得很早，《萬
葉集・春雜》（卷八），就有大伴家持詠雉鳥的和歌：

春の野にあさる雉の妻恋ひに己があたりを人に知れ
つつ。[6]

之後的《古今和歌集》誹諧：

春の野しげき草葉の妻恋ひに飛び立つ雉のほろろと
ぞなく。[7]

---

[5] 黒川洋一等編：《中國文學歲時記》（同朋社，1988 年）。

[6] 佐竹昭廣等校注：《萬葉集》（東京：岩波書店，2000-2002 年）。

[7] 小島憲之、新井榮藏校注：新日本古典文學大系《古今和歌集》（東京：岩

這兩首和歌都以「春の野」作爲詠野雉的背景，這也確定了雉鳥在日本文學中的季節性，鎌倉室町時代的主流詩歌連歌的相關著作《連理秘抄》（貞和五年）「時節を定むべきこと」，[8]或《連歌新式》（文龜元年）也說「雉子　きじといひてもなほ春なり」。

　　兩書都明確指出雉鳥是春天的景物，以後的江戶俳諧書籍均在此傳統下展開，如《御傘》（慶安四年）：

> 春なり。狩場の雉子は冬なり。声・鳴く・音をたつるなどいふ詞入るれば、春なり。春は宵に雉子の鳴く所を聞置き、未明に行きてとる。

《年浪草》（天明三年）：

> 徒然草に云、鳥には雉、さうなきものなり、といへり。日本には雉を雁よりまさりて用ゆ。婚礼にも雉をも用ふ。

除了是春天的鳴禽，也是喜慶的表徵，於婚禮時使用。而在中國雉鳥除鮮豔醒目的雉羽外，文學作品中幾乎不關心牠的季節性或鳴叫聲，或許與呂后的記載有些許關係，如《增山の井》（寛文三年）的記載：

> 雉子　きじ　野鶏　漢の呂后の諱を雉といへり。この諱を避けて、その世には雉を"野鶏"といへり。

　　波書店，1989年）。

[8] 以下連歌俳諧書籍皆引自《俳句大歲時記》（東京：角川書店，1964年）。

江戶俳句中詠雉之作不勝枚舉，如：[9]

　　　春の野に何よけんよけん雉子の声（宗因）

　　　ゆかしさのあであでしきや雉の声（鬼貫）

　　　父母のしきりに恋ひし雉の声（芭蕉）

　　　雲雀なく中の拍子や雉の声（芭蕉）

　　　雉鳴くや御里御坊の苣ばたけ（蕪村）

　　　木瓜の陰に貌類ひ住むきぎすかな（蕪村）

　　　美くしや麦踏むとがはなき雉（言水）

　　　暮れなるや夕日もへだつ雉子の声（北枝）

　　　旅人のまだ日はありと雉子の声（綾足）

「春野」、「人家庭院四周」、「花陰」、「黃昏」或「旅途」，變化搭配十分有趣。

　　六如因將日本詩歌傳統中的雉鳥意象充分的運用於詩中，是中國詩中未見的春天描寫，令人耳目一新。其他如散見的〈正月十七日與源君世祜尋春城外〉（遺編，卷中）：

　　　馳道風暄小駿嘶，豪來踏遍郭東西。

詩中「小駿嘶」的用法亦無前例，是從和歌俳句常詠的「駒」、「春駒」轉出的用語。在大江匡房《堀川百首》：

9　以下俳句均引自正岡子規編：《分類俳句大觀》（東京：日本圖書センター，1992 年）。

> とりつなぐ人なければ春駒の野辺の沢水かげもとど
> めず。

或《夫木和歌抄》中，「駒」都是春天的歌題。又如〈南塘〉
詩（卷六）：

> 煙畦土筆蘸金粉，風逕茅針拆白茸。偶趁兒童入村廟，
> 一場鬥草到昏鐘。

首句的「土筆」未出現於中國文獻，顯然是日人獨特之用語，
亦即所謂的「和習」。俳書《滑稽雜談》（正德三年）「二月、
土筆」中：

> あるいは云、天菜花、つくづくしなり。篤信これを異
> む。いづれか是なるを知らず。毛吹草にあり、すでに
> これを載す。また拠あるか。古歌にも、筆つ花ともよ
> めり。土筆の名、出所未詳。

認爲「土筆」用法出處不明。而《夫木和歌集・植物上》即錄
藤原爲家詠「土筆」之作：

> 佐保姫の筆かとぞ見るつくつくし雪かき分くる春の
> けしきは。[10]

確是春天的風物之一。俳諧也有如下描寫：

> 真福田が袴よそふかつくづくし（芭蕉）

---

[10] 《新編國歌大觀》（東京：角川書店，1990 年）。

つくづくしここらに寺の跡もあり（千代女）

「雉聲」、「小駒」甚至「土筆」，六如捕捉春景的手法，有異於管見的宋詩描寫，在漢詩算得上是六如別開之生面，但背後深厚的和歌傳統不容忽視。

（二）杜鵑、牽牛花

六如詠夏日詩中常見「杜鵑」，如：

> 香鴨添清淨，啼鵑送寂寥……黏竹疏螢濕，抱雲棲鴿寒……（〈和谷文卿梅雨遊明靜精舍之韻二首其二〉，卷二）

> 疏雨釀梅陰復晴，昔騰醉思役吟情。歸來更欲向人詫，聽得新鵑第一聲。（〈初夏重遊東睿寒松院閒閒庭〉，卷六）

> 破曉風迴宿雨晴，眾山顏色爛相爭。杜鵑啼過欄前去，深磵冥冥第二聲。（〈山居夏日二首其一〉，二編，卷一）

歌詠「初夏」、「梅雨」中不見其影卻聞其聲，或是飛鳴的杜鵑，偏愛那初叫的一兩聲。

在中國，杜鵑又稱子規、不如歸、蜀魂，因廣為人知的望帝傳說，詩文中當然不乏前例，如東晉〈子夜四時歌〉：

> 杜鵑鳴竹裏，梅花落滿道。

「杜鵑」與「梅花」相對，季節是春天而非和歌中的夏季。杜

甫也有詠〈子規〉詩曰：

> 霞裏雲安縣，江樓翼瓦齊。兩邊山木合，終日子規啼。
> 眇眇春風見，蕭蕭夜色淒。客愁那聽此，故作旁人低。

明白點出「春風」，且子規鳴「終日」。又唐寶常的〈杏山館聽子規〉詩：

> 楚塞餘春聽漸稀，斷猿今夕讓霑衣。雲埋老樹空山裏，
> 彷彿千聲一度飛。

此詩的節候一樣是春天，啼聲聽來如「千聲」齊飛，這勾起了遊子旅人的「客愁」，甚至落淚「霑衣」。顯然六如詠的杜鵑別有所據，反觀日本傳統詩歌如何歌詠杜鵑？

日本早在《萬葉集・夏雜・詠鳥》（卷十）中即出現這樣的描寫：

> 霍公鳥花橘の枝に居て鳴きとよむれば花は散りつつ。

是夏天的和歌，《古今和歌集》的夏歌中也有如下歌詠：

> いそのかみ古き都の郭公声ばかりこそ昔なりけれ。

之後連歌俳句續此傳統，作品不勝枚舉，僅舉以下數首以示：

> 待てしばし深山や初音時鳥（肖柏）

> 一声には見ぬ山深し子規（心敬）

> しばし間も待つやほととぎす千年（芭蕉）

> ほととぎす一声夏を定めけり（蓼太）

觀此可知和漢歌詠杜鵑傳統不盡相同，明顯的差異是季節一春一夏，以及對叫聲聽取的角度與引發的感受不同。前舉六如詠杜鵑即近於和歌俳句而非中國詩歌甚明。

「牽牛花」是六如也喜歡歌詠的題材之一，例如：

> 杜鵑猶淺臨淺水，碧牽牛已上疏籬。 還留情想些些在，漫把蒲葵寫小詩。(〈初夏閒居書適〉，卷四)

> 雨送殘芳不駐些，無聊想到夏時花。 籬邊昨下牽牛子，掀土稚苗已作丫。(〈暮春雨中〉，卷六)

> 碧玉鍾中曉露濃，素房擎得像銀筒。小蜂入作藏身地，不識英英表裏空。(〈牽牛花〉，二編，卷四)

> 露珠晃朗映瑠璃，逆蔓亂綠高下披。有似冰山當路客，正爭炎日未升時。(〈看牽牛花〉，遺編，卷上)

> 破曉袗襟疏且清，長河半沒大星明。低顏紅槿如含笑，拆蕾碧花疑有聲。(〈夏日早起〉，卷四)

宋孔平仲詩雖曾詠道：「籬上牽牛花，青青照秋色」，但六如以「瑠璃」作比喻，和以「碧花」、「碧玉鍾」來表現「牽牛花」的作品，並不見於中國詩歌。反觀江戶時代的俳句，例如：

> 朝顔がのぼりて候竹の垣（才麿）

> 朝顔や色も瑠璃君玉かづら（貞室）

> 朝顔や紺に染めても強からず（也有）

> 朝顔の瑠璃冷かにさきにけり（蒼狐）

　　　朝顔の世にさへ紺の浅黄のと（也有）

　　　朝顔や一輪深き淵の色（蕪村）

　　　朝顔の藍ばかりさく盛哉（嵐外）

　　　朝顔や瑠璃をのへたる花の顔（重貞）

可窺見「瑠璃」是俳句詠牽牛花（朝顔）的慣用手法，用在漢
詩也能爲六如詩作添加不少新意。其中六如的「井邊移種牽牛
花，狂蔓攀欄橫復斜。汲綆無端被渠奪，近來乞水向鄰家。」
（〈牽牛花〉，卷五）一詩，更是翻案俳人千代女的「朝顔につ
るべとられてもらひ水」而來，當時即頗負盛名，其牽牛花詩
與俳句關係之密切亦不難想見。

三

（一）錦秋、鹿聲、老茄、榴殼、野柿

　　秋天自古是好詩材，六如詠秋之作極多，和前述的「小駿」
「土筆」一樣，六如詠秋之作如：

　　　機山霜樹搖開錦，甕浦春濤初醱醅。（〈寄題備中瀧口將
　　　曹江上別莊〉，卷三）

　　　光陰容易又秋天，斗覺西山別樣鮮。（〈季秋閑居小占〉，
　　　卷四）

豔雲奢雨將餘恨，溜作一林紅錦秋。(〈高台寺觀楓〉，
遺編，卷上)

其中，「秋天……鮮」、「錦秋」，均非傳統詩語與意象，中國詩
歌「錦」用來比喻或形容春花之美，秋天則是淒清蕭瑟。因此
六如的「錦秋」是源自日本和歌對秋天、紅葉獨特的觀察，如
《萬葉集・秋雜》(卷八)：

経もなく緯も定めず娘らが織れる黄葉に霜な降りそ
ね。

《古今和歌集・秋下》：

龍田河紅葉乱れて流るめり渡らば錦中や絶えらむ。

《古今六帖・木》：

見る人もなくて散りぬる奥山の紅葉は夜の錦なりけ
り。

一樣是沿用和歌景物意象的手法，六如也用於對「鹿」、「鹿聲」
的描寫：

僮斟溪溜瓶盛雨，鹿掠園蔬蹄印霜。(〈宿延慶菴贈雪樵
禪師〉，卷三)

紅殘烏柏村邊樹，紫吐款冬水際花。花鹿渡氷溪蹄跡，
陷鷺翹風渚頂絲。園荒麋鹿添新跡，霜緊芭蕉失舊題。
(〈秋日寫懷二首其二〉，二編，卷五)

龜嵐山外秋風裏，老鹿數聲月二更。(〈嵯峨別業〉，遺

編，卷中）

　　已忘題句前時店，猶記折梅佳處亭。鳴鹿一聲天欲夕，
　　悠然隔水樹峰青。（〈西峨途中寫望二首其二〉，同前）

秋天詠鹿多本於《萬葉集》以來悠久的和歌傳統，如《萬葉集・
秋雜・岡本天皇》（卷八）：

　　夕されば小倉の山に鳴く鹿は今夜は鳴かずいねにけ
　　らしも。（《古今和歌集・秋上》）

　　奥山に紅葉踏み分け鳴く鹿の声聞く時ぞ秋はかなし
　　き。

或許顯得過於四平八穩且並非匠心獨具，但襲用和歌「深山」、
「紅葉」、「鹿鳴」是詩人表現日本秋情常見手法。再看下列六
如幾首秋日詩：

　　黃蝶尋芳草，紅蜻立敗荷。　老茄心作壘，皺棗頰生渦。
　　（〈秋日過田家二首其一〉，卷二）

　　秋高場圃喜釀晴，經眼頻驚歲籥更。榴殼風開紅豆顆，
　　茄身霜臥紫彭亨。（〈秋日春步二首其一〉，二編，卷六）

　　蜻蜓躲翅欺歸燕，榴殼呀唇笑老茄。起喚園丁督秋課，
　　荒畦一稜是行窩。（〈秋居無聊戲作誹諧體自遣〉，遺編，
　　卷中）

看似白居易以來的閒適詩或范成大田園雜興式的吟詠，但詩中
「老茄」、「榴殼開」的描寫未見於宋詩，而與「紅蜻蜓」或「赤

蜻蜓」一樣，是俳句描寫秋天的自然景物，如：

　　玉と見て峰の台よ割石榴（来山）

　　さと割らば迸りけり石榴の実（嘯山）

　　石榴くふかしこうほどきけり（太祇）

　　若長が机のうへのざくろかな（蕪村）

　　種茄子軒に見えつる夕哉（鬼貫）

　　種茄子こや色よきがなれる果（佛外）

　　紫もかくまで老いぬ種茄子（一和）

　　茄子植る人に尋ねて嵯峨の庵（士朗）

　　染めあへぬ尾のゆかしさよ赤蜻蛉（蕪村）

六如的「老茄」、「榴殻」充滿俳趣，原是其來有自。另外，對「野柿」的描寫也有異曲同工之處，如：

　　一霜晴定絕浮陰，瘦了山容紅了林。最是柿園風景好，斜陽樹樹萬黃金。（〈村行口號〉）

　　山萸供飣纍珠紫，野柿迎霜半頰丹。（〈辛丑九日風雨不出漫賦示家奴〉，卷四）

　　蕎花雪白矖斜陽，野柿金黃欲試霜。（〈暮秋赴柏原途次口號三首其二〉，二編，卷一）

秋郊或園中「金黃的野柿」最早出現於中世和歌，如《夫木和

歌集・植物》：

> 世の中にあらしの風の吹きながら実をば残せる柿の
> もみぢ葉。

近世俳句以來詠柿之作不絕：

> 里古りて柿の木持たぬ家もなし（芭蕉）

> 柿ぬしや梢は近き嵐山（去来）

> 春くや老木の柿を五六升（蕪村）

> 啼きに来る山鳩寒し柿の色（樗堂）

> 行く人もなし赤らむ山の柿（久藏）

秋天家家可見一樹紅柿，是近世典型的俳諧風景，芭蕉弟子去
來嵐山的別墅就叫「落柿舍」。

（二）採蕈

　　隱居嵯峨的六如喜作採菌詩，尤以組詩「西山採蕈詩」十
二首最引人注目，以下是與秋蕈有關的吟詠：

> 攜筐尋菌入青巒，林鳥啁啾晚氣寒。（〈秋日郊行抵板橋
> 驛紀即事六首其五〉，卷六）

> 溪籃初得菌，村磑欲收蕎。（〈閒適〉，卷二）

> 鄉信報言松蕈美，提筐何日入煙嵐。（〈九日懷歸〉，卷

三）

山深採菌人歸晚，聽斷秋風溪寺鐘。（〈忘歸亭四時詠應
教十二首其九〉，卷五）

遇樵松菌論斤賣，勒僕栗苞連葉攜。（〈嵯峨別業四時雜
興三十首其十九〉，二編，卷二）

溪丁頗解渠翁意，採蕈滿盤供晚餐。（〈季秋出遊〉，卷
四）

山佃馱柴趁墟遠，溪丁拾蕈出雲遲。（〈秋日郊行雜詩五
首其五〉，二編，卷五）

把菌長歌松樹下，松風吹墮小烏巾。（〈峨山別莊畑橘洲
攜村東洲至引遊山亭〉，遺編，卷中）

六如詩中頻見的「菌」、「蕈」，如詩中所言指的是松蕈，是日
本人最珍重的食材之一，居秋蕈之冠。但在中國有關松蕈的文
獻記載卻寥寥可數，較早的資料是宋仁玉的《菌譜》：

松蕈：生松陰……人有病，溲濁不禁者，偶掇松下菌，
病良已，此其效也。

明李時珍的《本草綱目》也有類似記載。除了《博物志》的描
述之外，管見所及的詩語索引中並未見有「採菌」、「採蕈」、「得
菌」的描述，可見其於中國詩中鮮見描寫，詩的意象薄弱。但
在日本卻大不相同，從《萬葉集・秋雜・詠芳》（卷四）：

高松のこの峰もせに笠立ちて盈ち盛りたる秋の香の

よさ。

古代日本人就發現秋蕈的香氣，中世開始歌詠「採蕈」的傳統，
《夫木和歌抄・秋・秋山・寂蓮》：

> 松が根の茸がり行けばもみぢ葉を袖にこき入る山お
> ろしの風。

江戶時代俳諧用來專指採「松蕈」，如《滑稽雜談》：

> 八雲御抄に曰、たけがり、たつがり、これ松茸などみ
> るなり。

自然有許多詠蕈佳句流傳，以下略引數則以見其大概：

> たけがりや見付けぬ先のおもしろさ（素堂）

> 茸がりやあぶない事に夕時雨（芭蕉）

> 茸狩りや似雲が鍋の煮ゆるうち（蕪村）

> 茸狩りや頭を挙ぐれば峰の月（蕪村）

> こころにくき茸山を越る旅路哉（蕪村）

> さし上げて獲物見せけり菌狩（召波）

> 松茸に相生の名あり嵯峨よしの（宗因）

> 松茸や知らぬ木の葉のへばりつく（芭蕉）

> 松茸やかぶれた程は松の形（芭蕉）

> 松茸や都に近き山の形（惟然）

松茸や笠にたつたる松の針（浪化）

堪稱六如傳世之作的是〈西山採蕈詩〉（二編，卷一）：

雨足牢晴氣色妍，重陽過後小春前。西山近有樵夫信，
松蕈斷山不值錢。

黃雲一望覆平疇，頹殺農肩汗殺牛。道是豐年人意好，
無儔勝得有今遊。

煙渡晴臨十里強，村窮山衲出相迎。窄衣裝作打圍樣，
倩得鄉丁引隊行。

微蹊曲折肯空過，平處稀疏險處多。荊棘鉤衣何過得，
劃看張傘立前坡。

穿谷凌峰各自麈，一群分散似相逃。有時絕叫振林木，
得雋知他氣正豪。

陂陀因樹築行廚，筩豉䇬鹽酒在瓵。一片青煙松葉火，
遙招散伍速于呼。

蠟面酥莖雙或單，多盈甀席大專盤。斬新風韻君須品，
莫作賣蔬店眼看。

蒸炮脆滑若為珍，放箸蕭然感又新。禾絹豈無金驛裹，
傳馳已減玉精神。

斜陽猶欲歛殘功，匝地窮搜榛薄中。暴殄由來天所忌，
好留繭栗與猿公。

> 屏當遊裝趁晚暉，鑿鑿街鼓市燈微。相風拂路行人駐，
> 知道賣花押擔歸。

「採蕈」之作是六如詩不爲中國典範拘束的最佳例證，其取材及表現深受和歌俳諧的影響甚明，對漢詩來說，這是一個嶄新的發現，也讓讀者益覺趣味彌長。

四、小結

向來談六如詩除著重在他求奇的作風、好用聱牙齦舌的用語外，對其詩歌體裁多如野村公台《六如菴詩抄》所言：

> 根抵老杜，輔以香山、渭南、蘇、黃、范、楊，下自青邱、天池、唐解元、袁石公、錢牧齋、程松圓，苟名其家者，無不摘取其長。

即認爲六如對中國著名詩人採兼容並蓄的態度，並不拘於一家之言、一人之詩，近人研究六如也將他歸爲折衷派詩人。

在詩風大轉折之際，率先以寫眼前景、抒心中情吟詠的六如上人，在描摹眼前風物，或藉以抒發情感時，有意無意地借用、轉用或套用了中國所無而日本獨具的傳統詩歌描寫技巧和審美觀，春天的「雉鳴」、「土筆」；夏天的「啼鵑」、「牽牛花」；秋天的「鹿鳴」、「採菌」、「松蕈」、「茄子」、「石榴」等，充滿俳諧趣味或和歌式的纖細之美的作品不少，這也是六如詩讓人覺得清新脫俗的關鍵，更是形成其詩歌特色的一大要素。

　　身為過渡期詩人六如者，其作品內容難免駁雜，但從他曾
和皆川淇園合刊《和歌題百絕》來看，擷取日本和歌俳句獨到
之處而施於漢詩，這對企圖求新求變的六如來說，無疑是極其
自然的方法，不僅其表現因此得以推陳出新，創造個人風格，
也為江戶後期漢詩的日本化指出了方向。

隱元禪師詩歌中的兩種聲音：
以晚年詩作為中心

廖肇亨*著

當兩種聲音處於競爭關係時，他們的共存會構成一種威脅，導致社會性的精神分裂；然而，如果他們形成了按照自由選擇原理而確定的一個順序，人們就可以戰勝對於分裂的憂慮，並存關係會孕育一種嶄新經驗的肥沃土壤。（托多諾夫：《失卻家園的人》）[1]

乘法身船，至涅槃岸；復還生死，度脫眾生。（《佛說八大人覺經》）

一、前言：黃檗宗研究的時代意義

十六、七世紀東亞的海洋風雲變幻，絡繹不絕的貿易商人、呼嘯成群的海寇盜匪、傳播科技新知的耶穌會士時而群聚，時而分離。在此同時，經歷長久的戰亂，日本的江戶幕府

---

* 中央研究院中國文哲研究所助研究員。

[1] 茨維坦‧托多諾夫（Tzvetan Todorov）著，許鈞、侯永勝譯：《失卻家園的人》（臺北：桂冠圖書公司，2004年），頁12。

於 1603 年成立，然而，豐臣秀吉家系的武士仍然不放棄希望，持續與江戶幕府政權進行抗爭，嗣後並與天主教徒相結合，於 1637 年爆發大規模的島原之亂，[2]江戶幕府付出了慘痛代價方才敉平此次反亂，之後遂進入鎖國時代，史稱「寬永鎖國」。[3]在大陸方面，1644 年 3 月 19 日，李自成攻入北京，明思宗崇禎帝於煤山自縊，不旋踵間，女真族入主北京，南明諸王與臺灣的鄭氏一族對清廷展開長久而慘烈的抗爭。各種不同政治勢力之間合縱連橫，爾虞我詐，相互殺伐算計的戲碼不斷上演。民族、國家、經濟邊際疆界迅速而頻繁地變動挪遷，交織成爲一幅華麗而閃爍的世間圖景。

　　置身亂離無常的世間，人們或者沈溺於財富肉體感官的無厭求索，或者將超越紅塵俗世的渴望寄託於宗教心靈的淨化。在此同時，日本佛教出現一個新的禪宗宗派，此即由來自福建

---

[2] 島原之亂：江戶時代初期，島原、天草地區的農民因苦於捐科稅負過重，起兵造反。領導者為少年天草四郎，他們以當時天主教徒與失意武士相結合，對江戶幕府造成了極大的威脅。島原之亂詳細的經過，可以參考煎本增夫：《島原の亂》（東京：教育社，1980 年）一書。

[3] 關於江戶鎖國的研究，Ronald P. Toby, *State and diplomacy in early modern Japan : Asia in the development of the Tokugawa Bakufu*（Princeton, N. J., Princeton University Press, 1984）一書最為重要。另外亦請參閱永積洋子：《鎖國を見直す》（東京都：山川出版社，1999 年）、信夫清三郎：《江戶時代─鎖國的構造》（東京都：新地書房，1987 年）等相關著作。另外必須說明的是：雖然使用「鎖國」一詞，但並不意味完全封鎖對外交通的可能性，而是限制於長崎、對馬、薩摩、松前四個口岸進行，這深深影響了日本江戶時代的國際關係，參見荒野泰典：《「鎖國」を見直す》（川崎：かわさき市民アカデミー，2003 年）一書。

的臨濟宗僧人隱元隆琦（1592-1673）[4]所開創的黃檗宗一脈。

　　黃檗宗的出現，不獨是宗教的，文化的意涵更加值得關注。黃檗宗僧人除了將晚明以來中國叢林的禪法帶入日本之外，其文化展演更加值得注目。黃檗宗開山祖師隱元禪師及其弟子木庵性瑫（1611-1684）、即非如一（1616-1671）的書法風格獨樹一幟，號稱「隱、木、非」，其詩文書畫的造詣更是日本文人模仿的對象，大量擬仿的結果，創造了日本美術史上所謂「黃檗樣式」（包括書畫、雕刻、建築）。[5]黃檗僧人獨立性易（戴笠）除了以書法與篆刻名世之外，將種痘術傳入日本，在日本醫學史的地位極為重要。僧人以外，黃檗宗檀越魏之琰（1617-1689）[6]所傳的《魏氏樂譜》，為明代音樂重要的參考資

[4] 隱元隆琦，俗姓林，福建福清人。生於萬曆廿年，卒於寬文十三年（1673，康熙十二年）。萬曆四十八年出家，天啟四年，從金粟山之密雲圓悟開悟，旋充侍者，隨侍之黃檗山。後密雲圓悟退之，其弟子費隱通容繼之。費隱通容請為西堂，後嗣法密雲圓悟主黃檗法席，大彰臨濟禪法於八閩。順治十一年（1654）應日本長崎方面之請，東渡日本，開創日本禪宗第三大宗派黃檗宗。黃檗宗同時也是日本江戶時代輸入中華文化最重要的文化媒介，儼然成為當時日本知識圈中國文化的象徵。相關的研究可以參見：高橋竹迷：《隱元隆琦‧木庵‧即非》（東京：國書刊行會，1906 年初版，1978 年重印）；平久保章：《隱元隆琦》（東京：吉川弘文館，1962 年）；能仁晃道編著：《隱元隆琦禪師年譜》（京都：禪文化研究所，2000）；Helen Baroni, *Obaku Zen : the mergence of the third sect of Zen in Tokugawa, Japan* （Honolulu：University of Hawai'i Press，2000 年）；柳田聖山：〈隱元隆琦の東渡と日本黃檗禪〉，收錄於源了圓、楊曾文編：《日中交流史叢書》（東京：大修館書店，1996 年），冊 4《宗教》，頁 277-295。

[5] 黃檗宗在日本美術史上的地位與建樹，尚有待於更深刻與全面的研究。簡明的介紹可以參見中野三敏編：《日本の近世（十二）：文學と美術の成熟》（東京：中央公論社，1993 年），頁 377-452。

[6] 魏之琰，字爾潛。商人，以經商往來於越南與長崎之間。隱元隆琦渡日，

料。另一位著名的檀越陳元贇（1587-1671）據說是將柔道傳入日本的始祖。[7]也就是說：黃檗宗一度是傳播明代文化進入江戶時期日本社會最重要的媒介，是燦爛繽紛的江戶文化形成過程中不容忽視的原動力之一。黃檗宗的研究具有多層重要的意義，值得學界進一步加以深思與探究：

（一）黃檗宗的儀式、誦經、音樂、經典以及建築樣式，乃至於戒律清規，無一不是承襲明代風格而來。位於京都府宇治市黃檗宗大本山萬福寺文華殿中收藏許多明代僧人之頂相圖（肖像畫）與僧人著作，相對於中國本土文物的散佚失序，黃檗宗幾乎可以說是認識明清佛教全貌之最佳門徑。

（二）如前所述，在十七世紀的中國與日本之間，黃檗宗幾乎是兩者之間最重要的文化媒介。事實上，黃檗宗的僧團其文藝性格極為濃厚，其於書法、繪畫無不兼擅。黃檗僧團渡日同時，也同時帶入了許多當時重要的文化成果，包括佛典、[8]文人別集、繪畫作品，特別在中國本土，歷經清代數次大規模的文字獄以後，許多重要的著作或作品於中國本土皆已不見蹤影，而獨存於日本，黃檗宗之功可謂大矣。另外，黃檗宗早期

其出力甚多。生平詳見宮田安：《唐通事家系論考》（長崎：長崎文獻社，1979 年），頁 962-999。但魏之琰引起學界注目，主要在於其流傳的《魏氏樂譜》，是明代音樂的重要資料，引起音樂史學者的高度重視。

[7]　陳元贇，字義都，一字昇甫，於萬曆四七年渡日，相傳為日本柔道之祖。對日本陶瓷器、書法、詩歌、建築，甚至於點心食品，影響甚大，詳細的研究參見小松原濤：《陳元贇の研究》（東京：雄山閣，1962 年）一書。

[8]　參大槻幹郎：〈黃檗版大藏經の原本について〉，大槻幹郎、松永知海編：《黃檗版大藏經刊記集》（京都：思文閣出版，1994 年），頁 361-367。

歷代祖師皆曾於詩文書畫深下功夫，黃檗宗第五代住持高泉性
激（1633-1695）嘗言：「有詩意，便有禪機；有詩義，便有禪
解。」[9]詩禪關係的鑽研幾乎可以說是黃檗宗特有之家法，在
黃檗宗早期僧人之著作中皆收有大量詩作，幾無例外。因之，
不論在文化呈現（cultural representation）或資料收藏的面向，
黃檗宗同時為中國與日本禪林文學的一大寶庫，可惜尚未獲得
學界充分的探討。

　　（三）黃檗宗與海外抗清勢力之間千絲萬縷的糾葛始終是
史家關注的焦點，隱元禪師渡日之船艦即為鄭成功所提供，另
外，民間關於明思宗三太子化名張振甫流亡日本的傳說始終不
斷，據說隱元即此一集團之重要成員。陳智超先生在黃檗宗大
本山萬福寺文華殿發現一批書信，乃隱元與中土人士往來之書
信，其中亦有多封與鄭彩、或鄭成功部將直接往來之書簡。隱
元禪師門下若慧林性機（繼隱元與木庵之後任黃檗山第三代住
持）、獨立性易皆屬遺民逃禪，關於南明政權與海外關係的研
究，一直以日本學者為重鎮，緣於日本收有《華夷變態》、《通
航一覽》等基本的交通史史料，黃檗宗僧人的身影在這些史料
當中也留下許多記錄。因此，深入探索黃檗宗的相關問題，對
於重新認識明清之際的歷史，或許也會有意想不到的收穫。其
次，黃檗宗之所以渡日，直接來自當時長崎華僑商人（以福建
系為主，廣東、浙江系居次）的招請，這些華僑商人多為經營

9　（日本）高泉性激：〈鑷餘集序〉，《一滴草》，卷 4，《禪門逸書續編》（臺
　　北：漢聲出版社，1987 年），冊 3，頁 35。高泉性激為隱元隆琦法孫，嗣
　　法隱元隆琦弟子慧門如沛，為黃檗山第五代住持。

海上貿易致富者。[10]易言之，當時繁盛一時的海上貿易網絡（network）也幫助了黃檗宗成功進入日本社會。交通史、海上貿易史同樣是研究黃檗宗時，另一個不容輕易看過的重要因素。

綜上所述，不難看出：無論在佛教史、禪林文學、文化交流史、南明史、海上貿易等領域，黃檗宗都扮演了重要的角色，歷史、文學、美術、宗教、交通、外交等等不同領域亦牽涉其中。黃檗宗的研究必須兼具跨學科、跨語言、跨國界的能力與視野，深入研究黃檗宗的相關問題，廓清重重迷霧，必能開啓另一個嶄新的學術範疇。

黃檗宗[11]為隱元隆琦禪師所創，既是日本禪宗第三大宗派，同時也是日本江戶時代輸入中華文化最重要的文化媒介，儼然成為當時日本知識圈中國文化的象徵。黃檗宗之所以於江戶時代進入日本，進而發揚光大，除了種種因緣和合的背景與條件之外，格外引人側目的是：黃檗宗及其周圍之文人、學者將晚明眩目的文化型式，大量而集中的移入日本，引起了日本知識界高度的驚嘆，進而成為造就日後江戶時代燦爛繽紛的文

---

[10] 關於這點，詳參李獻璋：《長崎唐人の研究》（東京：親和銀行ふるさと振興基金會，1992年）一書。

[11] 「黃檗宗」一詞可否單獨成立，一直是學界爭論的焦點。但隱元隆琦除了「臨濟正傳」以外，也用「黃檗一宗」一詞，福建士人，若陳軾，其著作中也用過「黃檗一宗」一詞，凡此種種，皆可證明「黃檗宗」一詞非起於明治時代。陳軾的說法，見氏著：〈黃檗清和尚語錄序〉，《道山堂後集》，《四庫全書存目叢書・集部・別集類》（臺南：莊嚴文化事業公司，1997年），冊201，卷2，頁410。

化展演最重要的動力之一。

　　本文以隱元隆琦禪師的詩作作爲主要觀察的對象，藉此檢視隱元隆琦禪師東渡日本前後的內心歷程，及其相關的時代脈絡，希望對理解明清之際的禪林文學以及中日之間的互動關係有所助益。

二、「爭如舌上吐蓮花」：隱元隆琦詩論旨要

　　晚明以來，叢林談詩論曲之風盛極一時，隱元隆琦禪師承襲晚明以來叢林好尙文藝之風，於詩道深有會心。《語錄》中有軼事一則，頗能見隱元隆琦造境之深。原文作：

> 有護乩居士謝雨入山見師。云：「嘗聞仙人會作詩。」仙書云：「佛何用詩？」師云：「天上無空腹神仙！山僧今日與仙聯一首遊戲，異日載志，亦是勝事。」仙云：「請和尚先。」師云：「仙翁冒雨入山家。」士囑仙云：「和尚機速，請答。」仙停乩罔措。師震聲一喝，云：「擬議停機，白雲萬里。本是木作成，靈從何來？聖從何起？莫瞞山僧好！」乃自聯云：「仙翁冒雨入山家，何事當機縮爪牙。不獨渾身泥水溼，片心攪擾亂如麻。」令侍者度與仙。仙齋後和云：「仙翁冒雨入山家，為喫趙州一杯茶。莫怪無言為擬議，春霖洗落滿山花。」師云：「好個『春霖洗落滿山花』，只是遲了些。」復次韻

云：「浮囊擊碎了無家，[12]竟日貪杯酒當茶。出賣風雲誇
好手，爭如舌上吐蓮花。」[13]

從這則記載可以看出：隱元隆琦平日於詩道用心之深，[14]且其
自得之狀歷歷在目。「出賣風雲誇好手，爭如舌上吐蓮花」──
詩是世間最大的神通，天地間最大的祕密。復云：「天上無空
腹神仙」──足見其平素必以積累腹笥為念，在隱元隆琦看來：
豐富的學養知識與神聖經驗的體證並非相互衝突、判然對立之
物，而是相輔相成的。事實上，這樣的看法與「不立文字」的
禪門本旨乃是完全不同的修證路線，對於來自反對陣營的批
評，相信他早已了然於胸。隱元隆琦禪師將石屋清珙
（1272-1352）、[15]中峰明本（1263-1323）、[16]栯堂禪師（元代僧人，

---

[12] 此句喻乩仙了脫人身。

[13] 清・隱元隆琦說、釋海寧編：〈問答機緣〉，《隱元禪師語錄》，《明版嘉興
大藏經》（臺北：新文豐出版社，1987 年），冊 27，頁 277。

[14] 能仁見道將此事繫之於順治七年（1650），隱元隆琦五十九歲下，見氏編：
《隱元隆琦禪師年譜》（京都：禪文化研究所，2001 年），頁 212。

[15] 元・石屋清珙，常熟人，俗姓溫。生於南宋咸淳八年（1272），及長，依
興教崇福寺僧永惟出家，參天目高峰、及菴。隱居霞霧山天湖菴，後住持
福源禪寺七年，復歸天湖終老，卒於元至正十二年（1352），年八十一，
僧臘五十四。生平詳見元旭：〈福源石屋珙禪師塔銘〉，附錄於釋清珙說、
釋至柔等編：《福源石屋珙禪師語錄》，《嘉興藏》，冊 25，頁 29。

[16] 元・中峰明本（1263-1323），元代臨濟宗僧。杭州錢塘（浙江杭縣）人，
俗姓孫。又稱智覺禪師、普應國師。幼於天目山參謁高峰原妙。二十四歲
從高峰出家，其後並嗣其法。自此居無定所，或泊船中，或止菴室，自稱
幻住道人，僧俗瞻禮之，世譽為江南古佛。仁宗曾招請入內殿，師固辭不
受，僅受金襴袈裟及「佛慈圓照廣慧禪師」之號，元英宗且歸依之。後於
至治三年八月示寂，世壽六十一。遺有廣錄三十卷，其墨跡亦著稱於世。
生平詳參元・虞集：〈智覺禪師法雲塔銘〉，收入釋明本編：《天目中峰廣

生卒年不詳）[17]的詩作合為一集，題作《三籟集》，在其序文中，
他對禪林論詩的合理性如是言曰：

> 或有云：「教外別傳，唯明心見性而後已，奚假文言聲
> 頌，短句長篇，爛漫葛藤，無乃徒亂耳目，引人情識，
> 奚有了期，曷補於道。」「噫！子之所論，古之糟粕。
> 局於一時，何異執結繩之政，而棄文質彬彬之道乎？且
> 威音未現以前，可談全彰無作之美；兩儀既判之後，豈
> 沒三光並照之功。」[18]

這段話是對禪林不該措意著述此種主張的批判，「威音未現」
與「兩儀既判」，既指文明的進程，同時也意謂著個體生命智
慧邁向圓熟的階段發展。從單純質樸到文明煥發其實是一種歷
史的必然。發問者主要的質疑大抵是對參禪過程中文字之功過
有所質疑，隱元隆琦則答道：文采煥發乃是文明進程必然產生
的結果。嚴格說來，兩者的對話之間有所落差，問者側重於開
悟之前，隱元隆琦禪師的回答則側重於開悟之後。

　　隱元隆琦的回答其實蘊含了一個前提，即開悟之人必然伴
隨著文字的精彩，就經驗而言，當然未必如此，開悟之後並未

錄》，《大藏經補編》（臺北：華宇出版社，1986年），冊25，頁977-978。

[17] 元・柟堂禪師，生平不詳。明代普可正勉編《古今禪藻集》時，將其繫之
　　於中峰明本與笑隱大訢之間，當是元代僧人。萬曆刊本《古今禪藻集》（現
　　藏上海圖書館）敘其生平傳略曰：「名□（缺一字）益，溫州人，嗣東叟
　　穎公，住四明岳林寺。」

[18] 隱元隆琦：〈三籟集序〉，《黃檗和尚扶桑語錄》，收入平久保章編：《隱元
　　全集》（東京：開明書院，1979年），第5卷，頁2581。

留下詩歌偈語的高僧大德亦所在多有。但在晚明「高僧往往能詩」的時代氛圍當中，這樣的論述可以說是晚明以來禪林尚詩之風的具體呈現。換言之，若欲重新認識前賢的風範、氣度乃至於其禪境之修為，都必須假諸文字方為可能。是故又云：

> 七佛已往，皆以偈傳法；有祖以來，莫不以偈印心。故師師相授，至於曹溪，書偈顯名，迄至三祖，《信心銘》著焉。爰及馬師踏殺天下，則有百丈、黃檗、臨濟，大機大用出焉。棒喝交馳，逸格超群，轟轟烈烈，遍滿寰區，聲徹九重，王臣皈依，龍象濟濟，風韻磊落，禪林禮樂備焉。而雅言懿行，足以開人心目，挽回正氣，縱橫大道，庶人主坐致太平，有裨世教者多矣。或一默、一語、一偈、一頌，皆從諸老清淨胸中流出，蓋天蓋地，與夫日月並明。乾坤鞏固，遠及大千，至於今日，豈小補也哉。[19]

這段話認為：過往禪門宗匠的嘉言懿行都充分呈現在文字之上，因而文字本身是無罪的。禪門的文字備具各種道德與倫理的特質，甚且深蘊道德意涵。隱元隆琦禪師這樣的說法當然是在「不立文字」的聲浪當中，為禪門不廢文字的主張尋找一種合理化的基礎。不難看出：隱元隆琦的說法除了強調禪門宗匠運用文字說法的合理性以外，亦十分強調個中的道德規訓。

除詩歌外，隱元隆琦禪師也對當時流行的藝術形式──戲曲，表示過濃厚的興趣。這當然也是時代風尚所趨，晚明以來，

---

[19] 隱元隆琦：〈三籟集序〉，《隱元全集》，第 5 卷，頁 2582。

戲曲盛極一時，各種關於「人生如戲」的理論表述競陳並作，[20]禪門宗匠亦對戲曲表示出高度的關切，隱元隆琦禪師云：

> 人生百歲猶如一夢，一切聖賢佛祖在夢中作一齣好戲，
> 令百千劫後見者聞者無不露出一片忠心赤膽，與聖賢佛
> 祖無二無別，其餘醜陋俱不堪觀。蓋佛祖聖賢是吾師
> 也，師者，表也。表正則正，表邪則邪，吾人豈可不擇
> 善而從之，以入聖賢佛祖之域哉？今時邪昧者眾，惑亂
> 無知，如盲引盲，入於火坑所不免也。老僧無法與人，
> 但要諸人自家了卻父母未生前一著子，是人天福本萬物
> 根源，打開自家寶藏取用無窮，直至臨末之際，無不自
> 由自在矣。[21]

傳統禪林論戲，主要側重在個體性的充分體契，[22]隱元隆琦禪師這段話也充分呼應著禪林此一傳統，值得注意的是：隱元隆琦此處所強調的「露出一片赤膽忠心」——即現世的社會倫理。換言之，不論是詩，或者戲曲，隱元隆琦都無法自外於明清之

---

[20] 關於明末清初的人生如戲說，詳參合山究：〈明末清初における「人生はドラマである」の說〉，收錄於《荒木教授退休紀念論文集——中國哲學史研究論集》（福岡：葦書房，1981 年），頁 619-634。

[21] 隱元隆琦述，釋性杲等編：《普照國師法語》，卷下，《大正新修大藏經》（臺北：新文豐出版公司，1983 年），冊 82，頁 765。

[22] 關於佛教的戲曲觀，可參閱拙著：〈禪門說戲：一個佛教文化史觀點的嘗試〉，《漢學研究》，17 卷 2 期，1999 年 12 月，頁 277-298；拙著：〈淫辭艷曲與佛教：從《西廂記》相關文本看清初戲曲美學的宗教詮釋〉，《中央研究院文哲研究集刊》26 期審查通過，即將刊出；康保成：《中國古代戲劇形態與佛教》（上海：東方出版中心，2004 年）一書亦頗有參考價值。

際「天崩地解」的時代脈絡中。詩、戲曲等各種文學藝術，除
了個人情性的發抒、乃至於身心修養或精神鍛鍊以外，也必須
體現出對國家社會的關懷，這樣的說法正好反映出隱元隆琦禪
師所面對的社會文化脈絡，以及其編織自我意義之網的認同過
程。[23]

三、「可起明朝一代僧」：隱元隆琦詩作中的遺民心事

隱元隆琦禪師人生最大的轉折，當然是東渡日本一事。雖
然隱元隆琦東渡日本真正的動機仍是史家爭辯的話題，[24]但不
論如何，東渡日本後，從此滯留不歸，確係隱元隆琦個人命運
的分歧點。隱元隆琦渡日之船艦，為鄭成功所提供。隱元隆琦
與抗清運動的關係，一直是學界關注的焦點。[25]就近年面世的

---

[23] 這是馬克斯・韋伯（Max Weber）的說法。韋伯以為人的一生便是不斷編
織意義之網的過程，見馬克斯・韋伯著，錢永祥等譯：《學術與政治》（臺
北：遠流出版社，1991 年）一書。

[24] 關於隱元隆琦渡日之動機，據平久保章的歸納，大抵有以下幾種說法：（一）
避亂歸化說。（二）為法東渡說。（三）家綱（幕府將軍）招請說。（四）
王命（長崎奉行）招請。見氏著：《隱元隆琦》（東京：吉川弘文館，1992
年），頁 67-77。筆者案：平久保章先生所列的幾種說法似乎並不絕對衝突，
而是可以互相並存的。

[25] 隱元隆琦與鄭成功的關係，可以參見毛一波：〈南明武臣鄭彩的事蹟〉、〈幾
件南明史實的研究〉等文，俱收錄於氏著：《南明史談》（臺北：商務印書
館，1977 年）一書當中；陳智超：〈鄭成功致隱元信件的發現──介紹一批
南明抗清鬥爭新史料〉，《中國史研究動態》，第 8 期，1993 年；胡滄澤：〈鄭
成功與隱元禪師關係略論〉，《福建師範大學學報》（哲學社會科學版），第
4 期，1997 年，頁 96-101。

資料與研究成果觀之，隱元隆琦相當程度地涉入反清運動幾乎已可斷言。本文從另一個角度出發，希望從隱元禪師本身的著作中深入發掘其內心深處的感觸，與當時歷史社會脈絡之間互動關係的某些潛藏的線索。

面對明清鼎革之秋，當時的叢林亦大略可粗分為新朝與遺民兩派。隱元隆琦禪師的立場十分堅定，他對新朝政權並無絲毫好感，而且不懈地從事與清廷的抗爭。其詩云：

> 自愧龍鍾百不能，那堪海外任騰騰。蕘逢滅卻瞎驢眼，可起明朝一代僧。[26]

此詩語意明確、立場堅定，可作政治宣言看。在詩文中，他屢屢透顯出對於新朝政權的厭惡，乃至於時局艱難的慨嘆。其詩云：

> 自從中華失慶後，人民無賴盡蕭索。英賢豪傑塞溝中，淨節貞良俱齷齪。堪嘆堪羞世外人，徒增暗淚漲江濁。返觀業累自何來，能令舉國無棲泊。[27]

顯然，隱元隆琦對晚明以來朝綱隳墮，政局腐敗的時政亦了然於心。儘管如此，身處新舊政權更迭之下的時局，堅持氣節操持乃是為人最基本的要求。在這樣的理念之下，文學也成了第二義的存在。在給弟子獨耀性日的書簡當中，他極力強調忠孝的重要性。其云：

---

[26] 隱元隆琦：〈自敘〉，《隱元全集》，第 6 卷，頁 2952。

[27] 隱元隆琦：〈懷舊〉，《松隱二集》，《隱元全集》，第 9 卷，頁 4097。

> 夫忠孝人道，根本節義。文學，世諦枝葉耳。根本既固，
> 枝葉無不繁茂。[28]

　　獨耀性日，本名姚翼明，浙江海寧人。明亡，起兵抗清，魯監國授職方主事，後於隱元座下出家爲僧。簡單來說，隱元隆琦所強調的節義風操，亦即對已然消逝的故國無盡的奔走與效命。面對強大無比的敵人，同志壯烈犧牲的消息接二連三傳進隱元隆琦耳裡，隱元隆琦一方面對此痛心不已，另一方面，隱元隆琦似乎也知道這是一場沒有希望的戰爭，卻又不甘放棄，只能以類似「夫世事空花，有榮有辱，有成有敗，理之必然」[29]的說法來自我安慰。前者反映於詩歌上，便是不斷對於肝膽節義的歌頌，例如：「死節盡忠真鐵漢，塡溝塞洰是名賢」、[30]「丈夫御世貴成仁」、[31]「忠心懸碧漢」、[32]「雲收海外來明月，始覺梅花徹骨寒」、[33]「丈夫處世貴成仁，心鏡揩磨日日新」；[34]後者乃具現爲對明朝三百年家國江山夢幻的喟嘆，若「<u>三百餘</u>

---

[28] 隱元隆琦：〈復獨耀侍者〉，《黃檗和尚扶桑語錄》，《隱元全集》，第 5 卷，頁 2254。

[29] 隱元隆琦：〈復宰匯余居士〉，《黃檗和尚太和集》，《隱元全集》，第 7 卷，頁 3296。

[30] 隱元隆琦：〈感懷〉，《松隱二集》，《隱元全集》，第 9 卷，頁 4047。

[31] 隱元隆琦：〈偶成〉，《松隱續集》，《隱元全集》，第 9 卷，頁 4374。

[32] 隱元隆琦：〈示忠巖信士〉，《松隱續集》，《隱元全集》，第 9 卷，頁 4486。

[33] 隱元隆琦：〈示諸禪人茅居九首〉，《隱元和尚雲濤二集》，《隱元全集》，第 6 卷，頁 2829。

[34] 隱元隆琦：〈示客〉，《松堂續集》，第 10 卷，頁 4686。

年在夢中，六窗雖啓碧雲籠」、[35]「處處懸明月，江山一畫圖」、[36]「少年英氣幻花夢，忽醒圓明大覺中」、[37]「三百年來聊一現，恰逢明眼大金湯」。[38]一是對鋼骨般節義的頌揚，一是對世事不可爲的空花夢幻之感，兩個對反主題的往復出現，構成隱元隆琦詩歌中的第一種基調。在給鄧素菴（生平不詳）與魏之琰兩人的書信中，隱元隆琦充分闡明了這種複雜的情感。其曰：

> 切思臺下能於朱紫聚中，干戈隊裡，特開隻眼，不為富貴所移，刀兵所擾，佛法世法，打成一片，礙無礙境，迴然超絕，豈小力量者所能為哉？雖然，蘭植中途，必無經時之翠；桂生幽谷，終保彌年之丹。果欲徹證此事，無纖毫滲漏，必須高高峰頂立，深深海底行。[39]

雖然鄧素菴的事蹟如今皆已不得而知，但觀此處文意，其人必曾親身參與抗清的軍事行動。「蘭植中途，必無經時之翠；桂生幽谷，終保彌年之丹」二句頗具深意，「蘭桂」往往比喻子孫賢良，「丹」暗喻明朝「朱」姓的統治者。綜而觀之，此二句極有可能暗指朱明宗室尚有一支流亡日本，而此宗室一脈受

---

[35] 隱元隆琦：〈示堂中諸禪人〉，《隱元和尚雲濤二集》，《隱元全集》，第 6 卷，頁 2806。案：此句「碧雲」暗喻「清」。

[36] 隱元隆琦：〈歲暮吟〉，《松隱二集》，《隱元全集》，第 9 卷，頁 4119。

[37] 隱元隆琦：〈松隱二吟七十二首〉，《松隱二集》，《隱元全集》，第 9 卷，頁 4012。

[38] 隱元隆琦：〈偶成十一首〉，《松隱二集》，《隱元全集》，第 9 卷，頁 4131。

[39] 隱元隆琦：〈復素菴鄧居士〉，《黃檗和尚太和集》，《隱元全集》，第 7 卷，頁 3291。

到隱元隆琦與鄧素庵等人的保護。[40]「高高峰頂立，深深海底行」，典出藥山惟儼禪師，[41]這裡意味著對於目標堅定的信仰與勇於任事的膽識，此處當指護駕從亡海外的艱難之舉。隱元隆琦對鄧素庵鼓勵有加的背後，其實是襯成此事所經歷的巨大困難。隱元隆琦在致魏之琰的書信中說：

> 此時唐土，正君子道消之際，賢達豪邁之士，盡付溝壑。惟吾輩乘桴海外，得全殘喘，是為至幸。惟冀足下正信三寶為根本，根本既固，生生枝葉必茂矣。原夫世間之事，水月空花，寓目便休，不可久戀其中，恐埋丈夫之志，誰之過歟？[42]

魏之琰，福建福清人，與王引、何高材[43]等人俱為長崎地

---

[40] 明清之際，傳說明思宗三子朱慈烺化名張振甫，流亡日本。隱元隆琦可能在此一集團中扮演極重要的角色。京都宇治黃檗山萬福寺後建有「威德殿」，可能與復明運動有關。此一說法相關的材料可以參見徐堯輝：《明太子、福王亡命在日本—化名張振甫、張壽山》（臺北：臺灣中華書局，1984年）一書。隱元隆琦有題作〈謁皇陵〉（《隱元全集》，頁4933）一首，中有「靈明列座人間主，感應來朝海外賓」一句，觀其語意，應可斷言絕非詠日本皇陵，在某種角度可以當作此一說法的旁證。

[41] 《祖堂集》藥山禪師條下曰：僧問：「身命切急處處如何？」師曰：「莫種雜糧。」進曰：「將何供養？」師曰：「無口者。」師垂語曰：「是你諸人欲知保任，向高高山頂立，向深深海底行。此處行不異，方有小許些子相應之分。」有人拈問順德：「古人有言：『向高高山頂立，向深深海底行。』如何是『高高山頂立？』」德云：「只處峭峭」。「如何是深深海底行？」德云：「深湛履踐。」語出南唐‧釋靜、釋筠編撰：《祖堂集》（長沙：岳麓書社，1996年），卷4，頁110。

[42] 隱元隆琦：〈復魏爾潛居士〉，《黃檗和尚太和集》，《隱元全集》，第7卷，頁3288。

[43] 王引、何高材俱是居住於長崎的在日唐人，在邀請隱元隆琦來日，以及長

方的華商，後歸化日籍，為唐通事，對黃檗宗在長崎地方的建
立與流播居功至偉。此文說明魏之琰亦身預海外抗清運動其
事，隱元隆琦此書說明他對抗清義士殉節死難的經過十分了
解，也希望能夠極力避免進一步的犧牲，由此亦可以看出隱元
隆琦在海外抗清運動中的崇高地位。隱元隆琦亦深深慶幸身處
海外，可以「得全殘喘」，遠離家園無休止的戰火與紛擾。儘
管他仍然辛勤地參與抗清運動的擘畫，日本不僅成為他們的庇
蔭，安頓他們疲羸的身心，異鄉的風土人情也讓他們的視野與
胸懷有了新的認識。留在故鄉梓里的青春，在連年的烽火與殺
戮之中，逐漸成為一種縈心經年的隱痛，絞動每一次不經意的
回顧。險惡的波濤之外，原來有一種預期之外的安靜，林間泉
石，逸興逍遙，在干戈金甲的年代，這種安適舒緩的情境只是
遙不可及的夢想。當大半的恨悔隨風消逝，牽繫不去的鄉愁，
其實多少意謂一種悲憫的同情。

四、「夢聞故國又驚恐」：烽火殺戮的夢境

　　隱元隆琦渡日之前，原與其師費隱通容及黃檗山萬福寺的
僧眾、諸檀越外護有過三年回山之約，但後來由於幕府、日本
僧人與信眾的誠摯慰留，終於打消辭意，進而開創日本黃檗宗
一系法脈。因此，歷來關於隱元隆琦的研究，有一種共通的傾

崎各唐寺（特別是崇福寺）的興建過程中出錢出力，居功至偉，亦俱擔任
唐通事，也就是日本政府的中文翻譯官。生平詳參宮田安：《唐通事家系
論考》一書。

向，便是強調隱元隆琦禪師的鄉愁、懷鄉之情、不忘故國的情懷云云。[44]

誠然，隱元隆琦著作中去國懷鄉之思固然隨手可得，若〈懷歸〉、〈懷舊〉、〈閒坐有懷故山〉等題之詩作，從形式到內容一目瞭然，無勞詞費。但綜觀隱元隆琦全集，懷歸之情其實日漸淡薄，到晚年甚至出現「多年忘卻舊家山」、[45]「忘卻中華歲月長」、[46]「海外遨遊不記年」[47]這樣的感懷。因此，強調故國之思此種單純的觀點，對了解隱元隆琦的心境似乎幫助不大，故此處以隱元隆琦的生命歷程與其詩作中「故鄉／異鄉」的「記憶／遺忘」之間的相互關係，作為討論的重心，希望對理解隱元隆琦心境變化歷程有所助益。

從隱元隆琦現存的詩歌來看，不論其渡日真正的動機為何，當他做出赴日的決定之後，倒是沒有兒女沾巾的離愁，相反地，其「三請而來，一辭便去」、「我為法王，去住自在。滴水滴凍，縱橫無礙」[48]的豪邁氣慨反倒令人印象十分深刻。在長崎方面多次遣人誠摯邀請之後，隱元隆琦終於決定東渡弘法。在某次問答中，隱元隆琦透露其渡日的動機似乎與復明運動隱約有關。其云：

---

[44] 中國大陸方面對隱元隆琦的研究經常強調此一觀點。

[45] 隱元隆琦：〈喜唐黃檗書至〉，《松堂續集》，《隱元全集》，第 10 卷，頁 4604。

[46] 隱元隆琦：〈示法雲法孫〉，《耆齡答響》，《隱元全集》，第 10 卷，頁 4916。

[47] 隱元隆琦：〈安樂窩雜詠〉，《松隱老人隨錄》，《隱元全集》，第 10 卷，頁 4998。

[48] 隱元隆琦：〈上堂〉，《隱元禪師續錄》，《隱元全集》，第 3 卷，頁 1435。

日本國逸然古石奉眾命，請師住長崎興福寺。設齋。請
上堂。問：「輕身涉萬水，為法到中華，殷勤伸三請，
願降國王家。法王人王相見則不問，如何是正脈流傳一
句？」師云：「杲日現東土。」進云：「花開不擇貧家地，
日照山河處處明。」師云：「紫氣貫山門。」乃云：「檗
岫雲開時，扶桑日正紅。茫茫沙界內，知我莫非公。……
下心一切，隨處逍遙。不入驚人浪，難逢稱意魚。」[49]

逸然，指興福寺逸然性融（1601-1668），[50]「處處明」謂奉明正
朔人多，「紫氣」，王氣也，足見當時黃檗山必與明宗室有所關
涉，此段問答似乎透露出隱元隆琦赴日從事復明運動之初，與
江戶幕府存在某種程度的默契。[51]在這樣的前提下，是以隱元
隆琦赴日與故舊話別之際，少見淒迷的泣別離情，而多壯行遠
遊的慷慨。其詩云：

> 一統乾坤是我家，垂綸四海作生涯。鯨鯤釣罷滄波靜，
> 載得晴空滿月花。[52]

> 萬頃滄浪堪濯足，一輪明月照禪心。可憐八百諸侯國，

---

[49] 隱元隆琦：〈上堂〉，《隱元禪師續錄》，《隱元全集》，第 3 卷，頁 1422-1424。

[50] 逸然性融，俗姓李，浙江杭州府錢塘縣人，先至長崎，依興福寺默子如定
出家，後渡海招請隱元隆琦來日。善繪事，號稱長崎唐畫之祖。

[51] 必須說明的是：隱元從長崎登陸以後，翌年即往攝津與京都等地接受日本
政府的調查。因此，雙方可以說都處於相互試探與觀察的階段。這段問答
雖然並未能充分證明江戶幕府已經完全同意隱元禪師的政治活動，但視其
為隱元禪師個人政治立場的表態當不為過矣，而長崎奉行等人應該也對此
了然於心。

[52] 隱元隆琦：〈示日本禪人〉，《隱元續錄》，《隱元全集》，第 3 卷，頁 1525-1526。

未必完全得到今。[53]

後者直是對南明諸王不能齊心一致的喟嘆。事實上，如前所述，隱元隆琦之渡日，鄭氏一族出力甚多，然鄭氏一族便頗多齟齬。這些，隱元隆琦都了然於心，卻又無可奈何。

隱元隆琦於順治十一年（1654）六月二十一日自廈門出發，七月五日晚抵達長崎，便受到當地人民熱烈的歡迎。不旋踵間，隱元隆琦即從長崎轉赴攝津（今大阪）、京都等地弘法。甫抵日本的隱元隆琦，一方面惓惓故國，但另一方面，異鄉的風土人情也衝擊著隱元隆琦的心靈與眼目，他如是形容日本：

> 可尊可貴，忠信之風；能決能行，簡易之教。處處村歌有道，家家人樂無為。而我格外沙門，西沒東湧，共樂昇平。一句作麼生道？良久，云：一輪新氣象，焰徹舊乾坤。不歷滄波外，焉知海國尊。[54]

這段話說明了隱元隆琦到達日本後，對於當時日本的昇平安樂留下深刻的印象。是時日本的戰國時代早已結束，曾經震動幕府的島原之亂在江戶幕府殘酷而強力的鎮壓之下弭平，事實上，黃檗宗於是時進入日本，多少與幕府有意加強統治基礎有關，係幕府宗教政策之一環，乃不容否認之事實。[55]隱元隆琦

---

53 隱元隆琦：〈舟中夜懷〉，《隱元禪師續錄》，《隱元全集》，第 3 卷，頁 1537。

54 隱元隆琦說、性瑫編：〈住攝州慈雲山普門福元禪寺語錄〉，《黃檗和尚扶桑語錄》，《隱元全集》，第 4 卷，頁 1766-1767。

55 島原之亂後，幕府更加嚴格取締天主教，並強迫所有居民加入佛教，以寺廟為基本，加強對居民戶口的控制。閩、浙旅居長崎方面的華僑，於是招請鄉里的高僧前來弘法。日本當時此一社會情勢，頗有利於隱元隆琦東

或許未必能認識及此，「新氣象」既意味著融入新環境的企圖，也代表著奮力洗心，重新出發的決心；「舊乾坤」當然是指故國河山。後兩句說明隱元隆琦對日本人情風土留下絕佳的印象，實超乎預期之外，絕不只是恭維而已。是故他在一封給弟子的書信中說道：

> 蓋忠孝，係成佛之本。棄本逐末，下愚之事；返本還源，上智為之。本末顛倒，賊莫大焉。華士大都如是，故吾不欲忍聞。今在外域，卻有宰官檀信，渾朴可處，但語言不通，奈何奈何。[56]

此處「華士」應指中土首鼠兩端、失節廢義之人。而日本「渾朴可處」的「宰官檀信」卻遠勝中土人士的機巧權詐。隱元隆琦逐漸卸下身心的武裝，開始享受那睽違已久的閒情逸致。其云：

> 老僧入普門（寺），受清福，將及一載。大似瞌睡先翁，夢遊海島，樂莫大焉。忽聞鴻音，驚翻兩眼。[57]
>
> 丈室春殘無事，但聽落花啼鳥以自娛。忽起故國之思，

渡。關於江戶幕府的宗教政策，可以參見圭室文雄：《江戶幕府の宗教統制》（東京：評論社，1971）一書。

[56] 隱元隆琦：〈復獨明禪人〉，《黃檗和尚扶桑語錄》，《隱元全集》，第5卷，頁2257-2258。

[57] 隱元隆琦：〈與無上侍者〉，《黃檗和尚扶桑語錄》，《隱元全集》，第5卷，頁2263。

不覺惹起愁腸。[58]

隱元隆琦雖然反覆發出類似「夢寐中未嘗不在山中」的感懷，
但觀此處，故國入夢不斷驚起他沈沈的安睡，故國的聲息與回
憶總是闖入他漸次平靜的生活與心境。但隱元隆琦畢竟是隱元
隆琦，他雖然在日本享受著天皇與幕府的尊奉、僧人與信眾深
厚的供養，但可以看出他從未放棄恢復故國的努力（儘管他也
知道似乎難以成功）。隱元隆琦渡日初期，清廷與鄭氏之間戰
事不斷，乃有遷海之舉，福建沿海甚不安寧。是以隱元隆琦詩
中念念不忘的故國，其實是一個殘酷的殺戮戰場。

> 夢覺青山盡白頭，閒雲為我更添愁。腳跟有據懷西土，
> 落日無繩繫遠眸。
>
> 竟日憨憨憩小樓，夢聞故國又驚愁。火雲堆裡微開眼，
> 擬是梵天血濺流。[59]
>
> 偶聞故國愈悽愴，快煮濃茶滌慘腸。可惜舊家成兔窟，
> 一團錦繡作沙場。[60]

這些詩的語意清晰明確，無須再多作解釋。相對於日本恬靜自
適的生活情調，故國的回憶收納的不是青春甜美的回憶，而是

---

[58] 隱元隆琦：〈復萬歲寺心盤上座〉，《黃檗和尚扶桑語錄》，《隱元全集》，第
5 卷，頁 2375。

[59] 隱元隆琦：〈臥遊感懷二首〉，《隱元和尚雲濤二集》，《隱元全集》，第 6 卷，
頁 2833-2834。

[60] 隱元隆琦：〈聞故國信有感〉，《隱元和尚雲濤二集》，《隱元全集》，第 6 卷，
頁 2834。

金甲互撞交擊的嘶吼。縱使已經在萬里波濤之外，隱元隆琦仍然像個驚魂甫定的老人，那故國人民的苦難與哀傷彷彿癔寐之間的幽靈，不斷地出現在隱元隆琦無法成眠，怔忪嘆息的凝視當中，其詩云：

> 夢遊闊別已多時，偶到扶桑一寄緣。無事清彈消白日，
> 有時感賦問蒼天。農家父老今何在，故國生民幾變遷。
> 遙隔海涯徒慨嘆，夜闌反覆不成眠。[61]

五、「老大安居仙子都」：隱元隆琦晚年的閒適情調

隱元隆琦的遺民氣節在其詩文中表露無遺，其「知其不可而為之」的勇氣與積極任事的膽識，委實皆非常人所及。除了「看來也是夢黃粱」──其亦自知必歸於空幻的復國之夢外，對隱元隆琦而言，最值得稱揚的，仍是開創日本黃檗宗一事。隱元隆琦對此自是一肩承擔，但少了瞬間幻滅之感，代之而起的反倒是綿長的祝禱。其云：

> 妙在天生益壯強，老來跨海上扶桑。杖頭排出新黃檗，
> 眉底返觀老大唐。道義終身不可負，師恩永劫莫能忘。
> 聊通一脈貫東海，爍熱宗風萬古揚。[62]

---

[61]　隱元隆琦：〈夜懷〉，《松隱三集》，《隱元全集》，第9卷，頁4229。
[62]　隱元隆琦：〈松隱三吟〉，《松隱三集》，《隱元全集》，第9卷，頁4273。

　　　　出跡東林古福唐，橫挑日月上扶桑。杖頭瑞現兩黃檗，
　　　　筆底花開八十霜。一片真心惺寂寂，消磨業識永茫茫。
　　　　等閒拶入真空室，惹得虛名四海揚。[63]

這兩首詩也暗示了黃檗慧命與「老大唐」或「明」（日+月）的
國祚續承有關，似並非隱元隆琦的黃檗宗風係襲承當時中國
「臨濟正傳」密雲圓悟一派禪法，與當時日本所傳榮西所傳的
臨濟禪法有所不同，是故隱元隆琦在日本始終必須面對一部份
人士質疑反對的聲浪，[64]不過這些都不能影響隱元隆琦堅毅的
弘法信念。對隱元隆琦來說，世事是虛幻的，儘管家國倫理的
責任不容迴避，但佛法慧命才是隱元隆琦終極而不變的關懷。

　　企圖脈貫東海，相對而言，歸鄉之念已徹底打消（這樣說，
並不意味他不想念故鄉家園）。雖然隱元隆琦仍然不斷為復明
運動奔走，但相對而言，其晚年生活十分適意，閒適的生活情
調成為隱元隆琦晚年詩歌最明顯可聞的主題旋律。例如：

　　　　故國繁華一掃休，不妨島外恣優游。萬緣放下空諸相，
　　　　莖艸拈來成般舟。度盡含靈到彼岸，平生弘願已全周。
　　　　而今老邁渾無用，贏得皤皤雪滿頭。[65]

---

[63] 隱元隆琦：〈閒中雜詠〉，《隱元和尚耆年隨錄》，《隱元全集》，第 10 卷，
頁 4797。

[64] 關於黃檗宗與江戶佛教的衝突，可以參見辻善之助：《日本佛教史》（東京：
岩波書店，1961 年），冊 9，頁 285-417；平久保章：《隱元》（東京：吉川
弘文館，1992 年），頁 160-162。

[65] 隱元隆琦：〈安樂窩雜詠〉，《松隱老人隨錄》，《隱元全集》，第 10 卷，頁
4988。

遨遊蓬島等閒閒，十九星霜頃刻間。幻出神京新檗苑，
儼然無二舊家山。[66]

故國的繁華一掃，即意謂著種種紛紛擾擾的牽絆已經遠離，由
於隱元隆琦的退休安養生活，[67]其詩作遂充滿了「老夫竟日
閒」、[68]「神仙爭及太和翁」、[69]「逍遙瓊島老沙門」、[70]「心閒
無事自玲瓏」、[71]「隱逸林間即道場」、[72]「一榻橫眠安樂窩」、[73]
「蓬島逍遙逐晚年」[74]等閒適安逸的情調。

　在這種安適恬靜的基調下，他偶而仍然想起故國的家園，
還有那未曾實現的復國大業（或大夢），「雖謂頭如雪，眼中日
月長」，[75]他也未曾真正放棄。但相對於中土不止歇的動亂，這

---

[66] 隱元隆琦：〈閒中述意八首〉，《松隱老人隨錄》，《隱元全集》，第 10 卷，頁 5023。

[67] 黃檗宗繼任住持木庵禪師頗能紹述其師隱元隆琦之心志，包括復明運動的奔走，故能使隱元隆琦毫無後顧之憂。

[68] 隱元隆琦：〈偶成〉，《松堂續集》，《隱元全集》，第 10 卷，頁 4703。

[69] 隱元隆琦：〈松隱三吟〉，《松隱三集》，《隱元全集》，第 9 卷，頁 4249。

[70] 隱元隆琦：〈八旬誕日答示諸子〉，《耆齡答響》，《隱元全集》，第 10 卷，頁 4874。

[71] 隱元隆琦：〈安樂窩雜詠〉，《松隱老人隨錄》，《隱元全集》，第 10 卷，頁 4997。

[72] 隱元隆琦：〈閒中雜詠〉，《隱元和尚耆年隨錄》，《隱元全集》，第 10 卷，頁 4798。

[73] 隱元隆琦：〈歲首自適〉，《隱元和尚耆年隨錄》，《隱元全集》，第 10 卷，頁 4760。

[74] 隱元隆琦：〈蒲節吟四首〉，《隱元隆琦和尚耆年隨錄》，《隱元全集》，第 10 卷，頁 4771。

[75] 隱元隆琦：〈山中即事〉，《松隱續集》，《隱元全集》，第 9 卷，頁 4498。

種如夢的感嘆其實映襯著對時局離亂的感嘆，以及對於處身於
兵燹戰火的黎民苦辛深切的同情。故國，以及曾有歸鄉的約
定，依然時時入夢，不過對於「腳跟在處是家山」[76]的隱元禪
師而言，這些卻成為他焦慮的源頭，不能只單純看作思緒飛去
的方向。其云：

> 一別閩南十八霜，舊交道侶幾存亡。故山疊疊頻懸夢，
> 滄海悠悠莫駕航。喜有名區堪隱遁，幸餘瘦骨尚堅剛。
> 雖然不結東林社，也有宗、雷入法場。[77]

最後兩句乃化用廬山慧遠的典故，「也有宗、雷入法場」意謂
廣接時流。那夢中懸想的故山在萬里波濤之外，隱元隆琦終其
一生都與福建福清黃檗山祖庭保持密切的聯繫，也不時注想，
但想念，畢竟只是想念。從以上所舉的例子不難看出：隱元隆
琦事實上已高度認同日本，從誠篤的政治人格、樸實民風，景
物人情，乃至於生活方式、生命情調之種種。[78]事實上，隱元
隆琦禪師絕非特例，先於隱元隆琦禪師歸化日本的唐通事諸人
莫不如此。隱元隆琦晚年的閒適之情意味著他已克服中、日兩
種文化環境的差異。那洶湧的波濤如同隱元隆琦波瀾起伏的人

---

[76] 隱元隆琦：〈示法雲法孫〉，《耆齡答響》，《隱元全集》，第 10 卷，頁 4906。

[77] 隱元隆琦：〈示法雲法孫〉，《耆齡答響》，《隱元全集》，第 10 卷，頁 4900。

[78] 筆者曾以隱元隆琦弟子木庵禪師的詩歌為例，說明黃檗宗僧人經1由建構
系譜源流以及日本風物的描寫，形成他們對日本的文化認同（cultural
identity）。關於木庵禪師的研究，詳參拙著：〈木庵禪師詩歌的日本圖像
——以富士山與佛教為中心〉，《中央研究院中國文哲研究集刊》第 24 期，
2004 年，頁 129-153。

生行旅，因緣聚合，讓他創建了黃檗宗，得以安頓身心，進而
施展抱負與理想。黃檗宗在江戶時代的文化場域留下燦爛的光
影與響亮的音聲，[79]隱元隆琦禪師將目光移轉專注於腳跟所在
的土地當居首功。

六、結論

黃檗宗得以在江戶時代的日本創建，進而多方傳衍，乃許
多因緣和合有以致之，例如：海上貿易網絡（network）的發達、
江戶幕府的宗教政策、當時日本一般民眾對中華文化的仰慕、
中國政局的紊亂，對黃檗宗創建皆有重大的影響。在當時兵燹
烽火連年不斷的中國，許多人乘桴渡海，重新去尋找新的天
地。因此，故鄉雖然經常入夢，但卻不是現實生活中他們真實
切望解帆放船的方向。故鄉，現實中的對抗與繁華繽紛的夢
想；但新的天地卻收容，甚至於實現他們的理想。黃檗宗的文
化書寫，在某種角度上，視之為十七世紀東亞的離散書寫（East
Asian writing in Diaspora）似乎亦無不可。

渡日之後的隱元隆琦，生命突然成為對反元素並立共陳的
場域。例如「中國／日本」、「遺民／國師」、「禪師／文人」這
種種對反元素的衝突拉扯、以及妥協融合都交互出現在隱元隆
琦禪師的詩歌當中，形成了隱元隆琦禪師詩歌中的複式聲調
（polylogues）。而隱元隆琦、黃檗宗僧人、當時渡日諸僧侶、

---

[79] 參註3。

歸化日籍的唐通事諸人，乃至於朱舜水（1600-1682）等人，或許多少都曾經面對類似的處境。薩依德（Edward W. Said）曾以自身的經歷說明一個在兩個文化傳統中生存的知識人之生存處境。他覺得「自己像一束常動的水流」，接著說：

> 這些水流，像一個人生命中的各項主題，在清醒時刻流動著，最佳狀況的時候不需外力去協調或調和。他們可能不合常情，可能格格不入，但至少他們流動不居，有其時，有其地，形成林林總總奇怪的結合在運動，不一定是往前運動，有時是彼此衝撞，如同對位法，只沒有一個中心主題。這是一種自由，我喜歡想，儘管我並非完全相信這是自由。這樣的存疑，也是我特別要堅持的主題之一。我生命中有這麼多不諧和音，已學會偏愛不要那麼處處人地皆宜，寧取格格不入。[80]

薩伊德所謂「學會」，也就是說形成個人可以合理控制那多重音聲的方式，運用「對位法」，將各種不同的聲音統括起來。「格格不入」指的是與外在環境之間的互動關係。事實上，這種「格格不入」的境地，有時是「異國情調」（exoticism），或者新知識的源泉。著名的文學評論家，出生於保加利亞，主要在法國活動的茨維坦‧托多諾夫（Tzvetan Todorov）說明擁有異質文化經驗的人，具有創造文化嶄新元素的潛能與特質。其言道：

> 當兩種聲音處於競爭關係時，他們的共存會構成

---

[80] 薩依德著、彭淮棟譯：《鄉關何處》（臺北：立緒文化事業公司，2002年），頁405。

一種威脅，導致社會性的精神分裂；然而，如果
他們形成了按照自由選擇原理而確定的一個順
序，人們就可以戰勝對於分裂的憂慮，並存關係
會孕育一種嶄新經驗的肥沃土壤。[81]

這段話移之於觀察隱元隆琦的生命形態似亦十分妥切，將黃檗
宗置於江戶時代日本的文化脈絡來看，其具有嶄新文化符碼的
作用殆無可疑。從歷史的角度來看，隱元隆琦禪師與明清之際
中日兩國的宗教、政治、學術思想、文學藝術、甚至於商業經
濟，亦無一不息息相關。目前學界關於隱元禪師的研究，主要
側重在其外部相關資料的整理，本文則以隱元隆琦禪師自身的
著作為主要考察的對象。隱元禪師詩作中大抵存在著兩重基
調，一是「節義／空幻」的掙扎，另一則是「故國（戰亂）／
新鄉（安樂）」兩極之間的擺盪。本文經由對隱元隆琦晚年詩
作中兩種不同調性主題之間並存互置的現象加以分析，嘗試追
索他為數眾多的詩作下潛伏的心懷，對於理解那個繽紛多彩而
又錯綜複雜、重重環扣的時代，隱元隆琦無疑是個極為重要的
入口，或許那沈埋已久的鑰匙就潛藏在其詩文之間，在時間海
洋下沈湮已久的壯麗古城門扉將就此開啟也未可知。

後記：本文寫作期間，得到財團法人日本住友基金會補
助，前往東京、京都與長崎等地收集相關資料，謹此銘表

---

[81] 茨維坦‧托多諾夫（Tzvetan Todorov）著，許鈞、侯永勝譯：《失卻家園
的人》，頁12。

　　謝忱。又初稿發表於 2004 年 10 月 29 日臺大中文系主辦第
三屆日本漢學國際學術研討會，評論人徐興慶教授仔細的
講評亦令筆者獲益良多，同樣在此重申謝意。

漢學與日本近世俗文學：

以《和漢乘合船》為主

黃昭淵[*]著

洪瑟君、李欣倫、彭誼芝[**]合譯

一、序論

　　日本的德川社會，是一個經過長期戰亂到統一國土，進而構築新社會的時代。由於內戰頻仍之故，比起周邊國家，其文明發展稍顯遲緩。然而，經由壬辰倭亂，日本社會急速地吸收了大陸文化。戰亂結束之後，社會安定，隨著識字率的提升以及出版文化的發展，人們得以藉由書籍更迅速地傳遞資訊。

　　林羅山（1583-1657）是擔任德川幕府文藝復興運動的重要人物。他的主要工作總括了幕府的外交業務與儒學的振興，但在提供日本社會許多藉由戰爭而傳來的朝鮮版本漢學資料方面，也有相當貢獻。林羅山的研究領域十分淵博，說他是奠定日本儒學的基石也不爲過。除了擔任外交和整備法律的工作之

[*] 韓國國立江原大學日本學科助理教授。

[**] 三名譯者均係國立臺灣大學日本語文學系碩士研究生。

外，他也致力於栽培後進。在他多元化的活動之中，最有趣的是留下了《怪談全書》這部怪談作品的翻譯。

我們大致可以認定《怪談全書》（1698）是連結中國怪談故事與日本俗文學的作品。若藉由漢學資料的介紹和翻案來探求日本近世文學的主流，我們也可以說：《怪談全書》是要抵達《雨月物語》（1776）、《南總里見八犬傳》（1814）等讀本代表作的必經之路。而介於《怪談全書》與讀本代表作中間的《和漢乘合船》（1713刊）至今還沒有像上述作品一樣被評價，但在考察日本俗文學與漢學的關聯方面，或許可以提供有效的觀點。

《和漢乘合船》是總計十二話的浮世草子，並且大量引用了如《剪燈新話》、《搢紳脞說》、《遯齋閒覽》等漢學資料。日本近世文學裏常常可以見到像這樣引用漢學資料的例子，但這部《和漢乘合船》不論是在引用量和引用方法上皆異於一般作品。

德川時代漢學持續地影響日本社會，在漢學的活用上卻隨著時代產生觀點上的變化。《和漢乘合船》的新手法之一，是藉由身為朝鮮通信使一員的李東郭這個人物，反映作者的觀點。

本論文希望掌握以日本文藝復興期的林羅山為始的日本漢學性格，以及此漢學如何與俗文學相連接。在方法上，希冀以《和漢乘合船》的內容為中心，考察作品的典據與其設定的意義。藉由這些研究，希望多少能夠理解德川時代的俗文學中漢學受容的意義。

二、本論

（一）德川時代的漢學受容與林羅山

　　隨著識字率的提升及出版文化的發達，日本德川時期演變成民眾可大量閱讀書籍的時代。其中，扮演重要角色的人物就是林羅山。他的出現意味著日本學問的新舊交替，我們可以由他的年譜發現相關的記載：

> 八年癸卯
>
> 先生二十一歲，聚徒弟，開筵講《論語集註》，來聞者滿席。外史清原秀賢忌其才，奏曰：「自古無許，則不能講書。廷臣猶然，況於俗士乎！」請罪之。遂聞達於大神君。大君莞爾曰：「講者可謂奇也，訴者其志隘矣。」於是秀賢緘口。自是先生講書不休，加訓點於《四書章句集註》，專以程、朱之說爲主。信澄亦就先生學問，其名稍顯。[1]

這裏描寫了日本傳統漢學名門清原家與林羅山之間的齟齬。考察羅山年譜的記敘，我們也可以看到擁有新知識背景的羅山，挑戰傳統權威清原秀賢的情形。其中亦論及向來以朝廷爲中心

---

[1] 京都史蹟會：《林羅山詩集・附錄》（上、下）（東京：ぺりかん社，1979年，大正九至十年平安考古學會版，昭和五年弘文社版復刻），卷1，頁4。

的秘傳世界正在漸漸崩解。林羅山的學識承自其師藤原惺窩，
而藤原惺窩的朱子學則是師承於朝鮮李滉的門徒姜沆。因此，
羅山明言「專以程、朱之說爲主」，視朱子學爲自己學問的中
心。

> 朝鮮刑部員外郎姜沆来，在赤松氏家。沆見先生而喜日
> 本國有斯人，俱談有日矣。沆曰：「朝鮮國三百年以來
> 有如此人，吾未之聞也。」……本朝儒者博士，自古唯
> 讀漢、唐註疏，點經傳，加倭訓。然而至于程、朱書，
> 未知什一。故性理之學，識者鮮矣！由是先生勸赤松氏，
> 使姜沆等十數輩，淨書四書、五經。先生自據程、朱之
> 意，爲之訓點，其功爲大。[2]

受容朝鮮性理學的林羅山，是不同於以往儒學的新時代學問代
表人物，在成長的過程中，他經由各種不同的管道獲取資訊。
羅山飽讀詩書，向五山的僧侶、知識份子及書肆購買書籍，以
充實自己的學問。

> 先生家素無藏書。初在東山，時見永雄慈稽所蓄。逮歸
> 家，或閱書肆求之，或借於所相識者寫之。數歲之間，
> 殆充棟宇。

另外，年譜記載他二十二歲時，有四百四十餘部的既讀書
籍目錄。他涉獵了各式各樣的書籍，其中，最值得注目的是「《勸
善書》、《爲善陰騭》、張文成《遊仙窟》、《剪燈新話》、

---

[2] 京都史蹟會：《林羅山文集》（弘文社，1930 年），卷 40，頁 463。

《剪燈餘話》」等書。

　　雖致力於經書的研究，但《勸善書》、《爲善陰騭》等善書和張文成的《遊仙窟》、《剪燈新話》、《剪燈餘話》卻是中國的俗文學。羅山曾爲朝鮮的《金鰲新話》標注訓點，加以刊行，因此他會鑑賞《遊仙窟》、《剪燈新話》等作品也不無可能。由此可知羅山對於俗文學抱持一定程度的關心。另外，羅山也留下朝鮮《三綱行實》的翻譯《貞女倭字記》，這個工作亦印證他對《勸善書》、《爲善陰騭》的關心。

　　德川時代，林家形成巨大的官學流派，也成爲公認的學術權威，但羅山的活動範圍更是橫跨各式各樣的領域，無法一語道盡。因此，提到對林羅山的評價，可能會有多樣化的見解。例如在編纂《訓蒙故事要言》[3]的過程中引用的羅山資料如下：

> 嘗（問）羅山叟：「所纂之怪談、載筆，童觀、卮言等之流亞乎？」兄頷曰：「似則似矣！」彼海內文宗，此兔園之冊子，何足以比焉。

尊羅山爲日本的文宗，而列舉之著作如怪談、載筆、童觀、卮言等書，都是故事集和怪談書，與其學術文宗之稱似乎不太相稱。

> 故事集等的出版，是德川時代初期擔任啓蒙角色的羅山想當然爾的工作。另外，在這裏提及的「怪談」是《怪談全書》，亦可看出隨侍於幕府將軍的德川時代儒者之另一面。

---

[3] 早稻田大學本。

　　　　怪談二卷，寬永末年幕府御不例時，應敎獻之，爲
　　　　被慰御病心也。[4]

羅山自稱編輯怪談之原因，乃爲替將軍解悶。

　　由於羅山複雜的性格，於是寫出連結漢學與日本俗文學的
《怪談全書》。《怪談全書》是以寫本的形式流傳，遲至1698
年才刊行。一般來說，日本近世文學的展開是從假名草子到浮
世草子，再由浮世草子延伸到讀本，而《怪談全書》是屬於假
名草子。由於是當代學術權威林羅山所編纂的作品，因此《怪
談全書》的刊行，給了許多對俗文學有興趣的文人作家很大的
憑藉。也就是說，《怪談全書》雖屬於假名草子，卻和《剪燈
新話》一同奠定了浮世草子與之後讀本發展的基礎。

　　有關《怪談全書》的典據，可參考《古今說海》。[5]本文
擬以介於《怪談全書》（1698）到讀本代表作《雨月物語》（1776）
中間聯繫位置的《和漢乘合船》[6]（1713刊）一書爲中心，來
探討其與羅山的關係，以及日本俗文學中漢學所扮演的角色。

（二）《和漢乘合船》的典據

　　《和漢乘合船》全十二話，基本構成是採用日本的故事與
海外的故事爲對比的形式。在介紹海外故事的過程中，並引用

---

[4]《林羅山詩集・附錄》，卷4，頁58。

[5] 詳參黃昭淵：〈『怪談全集』論－成立時期と出版過程についての推論一〉，
　　《近世文藝研究と評論》，51號，1996年11月。

[6] 木越治校訂：《浮世草子怪談集》（國書刊行會，1994年）。

了大量的漢學資料，如：卷1之1《遜齋閒覽》，卷1之2《大槐宮記》，卷2之1《清尊錄》，卷2之2《杜陽編》、《仙傳拾遺》，卷3之1《剪燈新話・愛卿傳》，卷3之2《廣異記》、《幽冥錄》、《報應記》、《冥祥記》，卷4之1《雞林國書》，卷4之2《括異志》、《酉陽雜俎》，卷5之1《燕閒錄》、《代醉編》、《續巳編》、《騰車志》、《風俗通》，卷5之2《剪燈新話・渭塘奇遇記》，卷6之1《搢紳脞說》、《稽神錄》，卷6之2《雞肋》、《鶴林玉露》、《淮南子》、《酉陽雜俎》、《耳目記》。

　　其中《剪燈新話》等是在德川時代廣爲流傳的書籍，而林羅山與《和漢乘合船》的作者參考的，可能是在朝鮮刊行的《剪燈新話句解》。關於《剪燈新話》與《剪燈新話句解》的相異之處，依不同的立場可能會有不同的見解，但若無《剪燈新話句解》，《剪燈新話》在日本可能不會如此地廣爲流傳。日本要在1482年左右才傳入《剪燈新話》，在進入近世期之前，並沒有很大的進展。在朝鮮，爲了能解讀其內容，此書同樣得附上註解，因爲以一般人的漢學素養而言，此書並非容易理解的作品。之後，被罷黜的朝鮮燕山君對中國的小說表現出積極的關心，並命人由中國購入作品，此事見於《朝鮮王朝實錄》，[7]其具體情況如下：

　　　1. 燕山君十二年（1506）四月：《剪燈新話》、《剪燈餘話》、《效顰集》、《嬌紅記》、《西廂記》等，令謝恩使貿來。

[7]《國譯朝鮮王朝實錄》（ソウルシステム，1995年）。

2. 燕山君十二年（1506）四月：《剪燈新話》、《餘話》
等書印進。

3. 燕山君十二年（1506）八月：嘗覽《重增剪燈新話》，
有蘭英、蕙英相與唱和，有詩百首，號《聯芳集》。……
但間有漢語，多不可解，其以文字注解開刊。

現在廣爲流傳的《剪燈新話句解》，是在朝鮮明宗十九年（1564）
刊行，由尹春年（1514-1567）訂正、林芑注解的版本。尹春年
是和《金鰲新話》的刊行有密切關係的人物，其思想上近於儒
學中心的三教一致。林芑是庶子出身的漢吏譯官，對「漢語」
知之甚詳。在朝鮮，因爲有認同作品內容的尹春年及具備漢語
知識的林芑之故，《剪燈新話句解》才得以刊行。然而，對佛
教等採取溫和態度的文正王后一死，尹春年等也就沒落了。新
登場的是以朱子學爲中心的士林勢力，他們對《剪燈新話句解》
一書，就明顯持批判的態度：

宣祖二年（1569）六月：（奇大升）《剪燈新話》，鄙
褻可愕之甚者。校書館私給材料，至於刻板。有識之人
莫不通（痛）心，或欲去其板本，而因循至今。閭巷之
間，爭相印見。其間男女會淫、神怪不經之說，亦多有
之矣。

提出「校書館」是針對尹春年而來。朝鮮的儒學者對《剪燈新
話》雖有批判，但從今存版本數與應日本要求而留存的種種記
錄看來，可知《剪燈新話句解》在朝鮮國內仍廣爲流傳：

> 仁祖十九年（1641）正月：倭人求《四書章圖》、《楊
> 誠齋集》、《東坡》、《剪燈新話》、我國地圖，朝廷
> 賜以《東坡》、《剪燈新話》，餘皆不許。

從日本向朝鮮要求《剪燈新話》這點可知，截至當時為止，日本並不容易取得《剪燈新話》一書。遲至1648年，日本才有完整版本之刊行並廣為流傳。若考慮到日本《剪燈新話》的流傳情形，則1713年刊行的《和漢乘合船》曾引用《剪燈新話》的故事，就一點也不奇怪了。若談到漢文本和俗文學的讀者之不同，則《和漢乘合船》中引用《剪燈新話》，也可說是漢學的大眾化。此外，木越治氏指出：卷1之2《大槐宮記》可能參考了林羅山《怪談全書》。[8]羅山的《怪談全書》是在1643至1644年左右，以寫本的形式出現，並於1698年刊行，因此，《和漢乘合船》的作者可能引用該書，應該是沒有問題的。

　　然而，在這部作品中出現的《搢紳脞說》、《遯齋閒覽》等書籍，目前仍處於不易確認的狀態。這部作品的典據是來自傳聞抑或書籍的翻譯？又或者是創作？這些都難以確認。例如：《搢紳脞說》、《燕閒錄》、《雞肋》中記載的文章，則被認為是由《琅邪代醉編》摘錄翻譯而來。

> 朝鮮學士李東郭，聽到此一談話，對女子之妒嫉，舉出
> 繁多先例：從前，江南曾思鄖之女，某日欲化妝時取出
> 一鏡，鏡中映照出一女子。其模樣披髮赤足、手中懷抱
> 一嬰兒。自是日起，每次照鏡皆可見該女子之身影。因

---

[8] 《浮世草子怪談集》，頁346。

　　　而大感驚恐之餘，告知其父思郾。思郾吃驚，一看該鏡

　　　果然有女子之身影。思郾未覺惶恐，問鏡中之女為何

　　　人。此時，鏡中傳來回答曰：我本為古代建昌縣錄事之

　　　妾。君之女前生為其正室，然我因此子而蒙錄事之

　　　寵，……該女因而一病不起，最終因此怨靈一命嗚呼。

此事由《搢紳脞說》中可見。自古至今女子之深切妬意之例，

由此可知。又繼母對繼子怨恨之例亦有之：

　　　從前，建安有一人，妻死後再娶一女，此女怨恨繼子而

　　　虐之，夫為此女所迷惑，未加制止。此時，前妻之靈從

　　　門入內見之，責其後妻曰：「人誰能無死。人誰能對親

　　　子無情，然汝虐吾子如是。子訴其哀情，求慰於我，十

　　　餘日期限，令汝迷途知返，今至此。」……入近處之栢

　　　木林中，幽靈之身影消失。

徐絃說此事收錄於《稽神錄》中。[9]

　　　婦人在鏡中：

　　　江南曾思郾女一日將粧，忽見一婦人在鏡中，披髮徒跣

　　　抱一嬰兒。自是日日見之，思郾自問其故，云：「我往

　　　歲建昌縣錄事聘我爲側室，踰年生此子。君女爲正妻，

　　　後錄事出旁縣，君女幷此子投我井中，以石塡之。詐其

　　　夫云：『逃去。』我訟於有司，適會君女卒。今雖後身，

　　　固當償命也。」其妻遂卒。（《搢紳脞說》）

────────────

[9]《浮世草子怪談集》，頁 237。

前妻責後妻：

> 建安有人妻死再娶，虐前妻之子，夫不能制。忽見亡妻
> 入門，責後妻曰：「人誰無死，誰無子母之情，乃虐我
> 所生如是。訴於地下，與我十日誨汝，汝不改，必殺汝。」
> 夫妻再拜為具酒食，滿十日將去，責戒甚嚴，舉家送入
> 栢林中，乃不見。（《稽神錄》）[10]

值得注意的是，這段故事的內容與善書有關。善書是為了教化
庶民而寫作的書籍，在林羅山的讀書目錄裏《勸善書》和《為
善陰騭》為代表作品。在朝鮮刊行的《三綱行實》，以嚴格的
標準來看，並不能稱為善書。而從日本人的立場看來，也認為
這些只是類似善書之作而已。《為善陰騭》是明朝永樂帝編纂
刊行的作品，日本於1689年時，以《大和為善錄》為書名翻譯
了其中一部份。

　　《和漢乘合船》出版的時期適逢善書被正式介紹進日本之
際。1701年，袁了凡的《陰騭錄》出版，說明了善書的中心思
想，而包含許多善書內容的《新監草》於1711年出版，《當世
知惠鑑》於1712年出版，善書正逐漸於日本社會扎根。從此觀
點看來，《和漢乘合船》裏的故事，可說是反映了當代的潮流。

　　與其說羅山曾逐一參考這部作品所引用的書籍，不如說他
參照了譯成日語的書籍，以及《琅邪代醉編》這類叢書。包括
林羅山在內，參考叢書在當時是很普遍的。正如林羅山讀書目
錄裏的記載，《琅邪代醉編》是他很早就曾閱讀的作品。

---

[10] 引自《琅邪代醉編》（汲古書院，1973 年），卷 34，頁 464。

題《琅邪代醉》首卷後：

《琅邪代醉編》先是借人本而一涉獵，如王充之閱市，然不留踪。今日脉子元冶齎一部四十卷以與余，余喜之不已。乃隨見隨塗朱，可謂異書。吁！琅邪在我目前，豈啻環滁而已乎哉！丙辰十二月二十七日。

題《琅邪代醉》末卷後：

《琅邪代醉編》合部四十卷者，帳中異書乎！元和戊午仲冬下旬，於洛陽家塾涉獵了，竟以朱句讀之，云羅山子道春記。[11]

此外，由於《琅邪代醉編》的和刻板於1675年發行，因此可認定《琅邪代醉編》曾被引用，應無太大疑問。《和漢乘合船》中參考引用資料之際，有時忠於典據，有時內容亦可見相左之處。例如，若要將卷4之1《雞林國書》的內容認定為史實，是很困難的。從卷4之1《雞林國書》之用例，可看出其活用朝鮮史書，但引用的部分內容卻是作者以己意加以創造的，例如：

明朝末年，喜宗皇帝天啟年間，日本時為秀忠大貴君（又稱臺德院殿）之治世，時值應約為元和末期至寬永初期。當時我朝鮮安市城有一人名為楊巴友。中邊將娶其女，寵愛甚之，未經三年，重病纏身，遂卒。[12]

---

[11] 《林羅山文集》，卷54，頁642。
[12] 《浮世草子怪談集》，頁205。

若不了解朝鮮歷史，是無法寫出像「朝鮮安市城」這樣的敘述的。「安市城」在朝鮮歷史上總共出現過兩次。一爲隋煬帝時，一則在唐太宗時，中國皆曾留下侵略高句麗的紀錄，並於安市城決戰。645年的安市城之戰中，帶領安市城獲得勝利的是安市城主楊萬春。高句麗滅亡之後，安市城便再也不曾出現在韓國的歷史上了。

　　當時的日本人似乎對韓國歷史知之甚詳，與朝鮮通信使的對話中亦經常提及歷史相關問題。

　　（正數）問：貴國書、經國大典、《海東諸國記》、《東國通鑑》等。[13]

其中《東國通鑑》是以編年體的形式記載韓國歷史，直到1392年朝鮮開國爲止。這本書亦曾於日本其他書籍中被引用。《訓蒙故事要言》中，即可見引用《東國通鑑》之例：

　　拾金捨江：朝鮮之都有一對兄弟，二人相伴行於道中。
　　弟於其道拾黃金二錠。（《東國通鑑》、《天中記》）

　　《和漢乘合船》中的記述，曾經參考朝鮮歷史是無庸置疑的，但將故事發生的時間設定於明朝，則是作者的變創。《和漢乘合船》中可看出明顯的活用及變更典實之例。這意味著史實與創作之間的界線，仍處於渾沌不明的狀態，而且經常是混淆不清的。

　　《和漢乘合船》（1712）中大量引用中國資料，並將引用

---

[13] 《雞林唱和集》（韓國國立中央圖書館本），卷12，頁17。

者設定爲朝鮮儒者李東郭，這點極富創意。李東郭在1711年時，曾經跟隨朝鮮通信使一行人，以製述官的身分到日本訪問。

（三）《和漢乘合船》的創作方法與李東郭

　　木越治氏在《和漢乘合船》的解說中提到：「從使用『朝鮮學士李東郭云』的形式，明顯可知這是一部從開始就表明其爲依據中國形式而創作的翻譯作品。」但《和漢乘合船》的創作觀點並不在於介紹中國形式的說話，而是將重點置於朝鮮的李東郭及「朝鮮物」。但問題在於何謂「朝鮮物」？這對作者而言是難以掌握判斷的。

　　漢學給予日本俗文學持續性的影響，這點是無庸置疑的，而爲了活用漢學必須加入新的東西——即藉由靈活運用當時著名的朝鮮通信使製述官李東郭來表現。若第二章所考察的善書是規定作品內容的話，那麼朝鮮通信使的素材則是規定作品時代性的重要設定。從1684年出版井原西鶴的《諸艷大鑑》[14]裏便可一窺當時流行的要素：

> 祇園町的十替舞，沒見過也不足爲奇。此夜晚的都城，亦讓朝鮮人見識喇叭、嗩吶，萬物之音豐饒，連眼疾的地藏晚上也無法入睡吧。

這段敘述顯然想讓朝鮮的通信使看到華麗的城鎮風貌。1682年

---

[14] 井原西鶴：《諸艷大鑑》，收入富士昭雄校注：《決定版對譯西鶴全集》2（明治書院，1992年），8-2話，頁306。

使團出行時，都市人在看到通信使節時，應當會反省外國和自身存在的問題吧。浮世草子中像這樣反映時代潮流的材料，固然是重要的，但在《和漢乘合船》裏則是透過製述官李東郭，將這一切表現出來。李東郭雖然在日本以文名著稱，但在朝鮮國內卻是不受矚目的人物。茲將其生平整理如下：

1654年　生

1675年　進士

1693年11月28日　文科狀元

1697年1月28日（肅宗二十三年）　以宋相琦爲副郊理，尹行教爲修撰，吳命峻爲文學，李礥爲戶曹佐郎。礥，庶孽也，……則素多累，其徒亦所不齒，而邊玷朗望，物情齊駭，憲府啓請改正，不允。

1699年　安岳郡守（安岳李氏世譜）

1701年5月　流配（靈光）

1703年3月5日　事件再論

1703年9月18日　禁府啓……李礥、沈益昌還發配所。

1704年5月15日　遠竄罪人柳命天、柳命堅、陸林一、沈檀等，放歸田里，李鳳徵、朴萬鼎、朴涏、李礥等竝減等。

1711年　第八次任通信使製述官

> 1712年　《雞林唱和集》
>
> 1713年　《和漢乘合船》
>
> 1718年　死亡

上述生平經歷除了曾經擔任朝鮮通信使被派遣到日本，以及擔任過郡守之外，並無特別值得稱述之處。這也許是由於他的庶子身份，故無法越過身份地位的藩籬：

> 1724年（英祖0年12月17日）　今幾四五十年，僅拜戶朗（郎），而群起斥之，意至呈遞，尚至今寂廖。

因爲以庶子身份受到重用的人鮮少，所以在《朝鮮王朝實錄》中，記載了李東郭於戶朗（郎）任職一事。朝鮮在派遣外交使節時，與其選擇身份，不如選擇能與外國人應對，及在詩文方面能應對如流的人。然而，朝廷還是或多或少在意庶子的出身。實力的考量固然存在，但上層士大夫根深柢固的觀念並不容易改變。1682年，出使日本的洪世泰原是漢語譯官，被視爲賤流之輩。洪世泰與李東郭亦有交情，在李東郭赴日時曾爲他寫過介紹函。日本使一行的製述官成員中，不止洪世泰和李東郭，其他亦包含不少庶子出身的文人。洪世泰原爲漢學專家，積極參與外國使節的活動，在《朝鮮王朝實錄》裏面，記載派遣他的理由如下：

> 英祖五年（1729）四月　向者明揆敍之來也，願觀東國之物，士大夫皆以爲恥，遂使賤流洪世泰應之。

明揆敍是清朝派來的使節。對於想幫助明朝、同時受到清朝侵

略的朝鮮而言，清朝使節並不受歡迎。從有意抗拒清使的反應
來看，朝鮮國是故意派遣身份低下的洪世泰擔任接待的。關於
朝鮮與明、清的應對關係，日人新井白石曾於1711年詢問通信
使：

> 當今西方諸國皆用大清冠服之制，貴邦獨有大明之舊儀
> 者，何也？

對此問題，正使趙泰億答曰：朝鮮為禮儀之國，即便是清朝也
不能強求不循禮儀之事。從這個例子可見：當時朝鮮人將明朝
視為中國文明的主流。在朝鮮人對於明、清的認識中，明是應
有的規範性的世界，清則是難以接受的歪曲現實，可說是兩個
乖離的世界。

　　這樣的觀念也多少反映在出使日本的考察團中，因為直接
與日本文人接觸的製述官，幾乎都是庶子或中產階級出身，洪
世泰為賤流之輩，李東郭和前後的考察團製述官多為庶子及中
產階級出身。對日本有極深遠影響的《剪燈新話句解》的注釋
者林芑，亦為庶子出身。像這樣派遣擁有庶子身分的製述官參
加詩文唱和，主要是以他們的文才作為考量，因為要與為數不
少的日本文人交流，並不是一件容易的事。因此，從詩歌唱和
中所進行的問答，可反映出想保持一定距離的上層階級意識。

　　《雞林唱和集》裏可看到許多有關歷史的問題。例如：李
東郭對於歷史脈絡的問題，並無法給予明確答覆：

　　1.（甘白）問：我國史載：我神世有素鳴尊往新羅國。

貴邦今亦此等事耶？[15]

2.（正數）問：日本神世素盞烏尊，帥其子五十猛神到
於新羅國，作樂所謂廻庭樂也。貴國于今奏此樂耶？[16]

雖然我們可說李東郭對於日本歷史的知識不足，或者更根本的
原因，是由於李東郭對於日本的歷史和歷史認識，抱持否定的
態度，同時朝鮮國內並沒有這方面的資料，因此無法回答的可
能性很高。

1.書籍則有《日本記》、《續日本記》、《風土記》、
《神社考》、《本朝文粹》等書，而怪誕駁雜，皆無可
觀者。[17]

2.倭國史始於開闢天皇，荒誕無可徵者。[18]

第一項的《聞見別錄》是南龍翼於1655年考察團訪問之際所記
載的記錄。第二項的《東槎日記》則是1711年考察團的從事官
李邦彥的記述。在1711年的考察團當中，李邦彥爲三使之一，
是李東郭的上司。朝鮮通信使一行人對於日本歷史，也許並非
知識淺薄，但對於日本古代史本身則抱持懷疑的態度。日方詢
問到經常成爲話題的百濟王仁博士，而朝鮮一方卻無法詳答，

---

[15] 《雞林唱和集》，卷 4。

[16] 《雞林唱和集》，卷 12。

[17] 南龍翼：《聞見別錄》，卷 11，收錄於《國譯海行摠載》（民族文化推進會，
1977 年，ソウル），第 6 輯，頁 16。

[18] 李邦彥：《東槎日記》，頁 94。收錄於《國譯海行摠載‧續輯》（民族文化
推進會，1977 年，ソウル）

其原因為在《日本書紀》等書籍當中確曾留存關於王仁的記載，但在朝鮮史書中卻無法確認，故無法應答。由此可見兩國文人雖然做了友好的交流，但對於自己國家的歷史見解，還是存有很大的歧異。

《和漢乘合船》中有許多內容，在提及秀吉的同時亦採用了神功皇后的傳說，這表示與文人們向朝鮮通信使追尋本國歷史記述的文士精神是相通的，此外還顯示當時日本社會中潛藏的反抗意識：

> 鮎之名所、世間所聞玉嶋川等地，為從前神功皇后垂釣之處，其攀登之石至今尚存。其標記明確，男子無法釣到魚而女子收穫甚豐，乃為神德延至後代之故。（《和漢乘合船》卷3之2）

《日本書紀》等記載神功皇后是日本傳說中的人物，侵略新羅並使其臣服。這段話是《和漢乘合船》中的一部份並被加以活用。《和漢乘合船》中的日本軍記物語，和李東郭所表現的漢學知識的對比，展露出一種競爭意識，而並非以介紹中國資料為目的。《和漢乘合船》的觀點和善書中積善的意識，也就是說和行善就可以改變社會及自己命運的意識不同，充分表現出集團意識。譬如，序文的記述中便充分表現出國家中心的相對性意識。

> 前往外國的船路之旅，克服水路之遙，日以繼夜撫慰信使的寂寥。日人與韓人交際，說古道今，我們並不完全明白他們所言，他們亦不確定能理解我們所云。

《和漢乘合船》的序文表現出相對的立場，不認定絕對的善惡價值觀，而是一切都採取相對的觀點。像這樣的日本相對主義觀點，對朝鮮的儒學者來說是難以接受的。朝鮮文人認爲應有的規範世界是存在的，任何事物都應以此爲目標。淸朝和日本是脫離了規範世界的集團，是應受教化的對象。像這樣的思考方式是從現實與規範世界分離而來，亦可說是自我肯定的類型之一。

李東郭《和漢乘合船》所代表的內容，與以日本軍記物語爲中心展現出的獨立空間相對。像這樣以日本軍記物語爲基礎所構成的小說，在讀本中是經常可見的。《和漢乘合船》的故事構成雖然尙未內在化，但可視之爲讀本之前的階段。

也就是說，《和漢乘合船》介紹了反映當代普遍內容的善書，同時亦提供了變更過的史實，反映時代潮流。這部作品發行時，正值漢學普及與各國共同體意識交會之時。換言之，是從東亞教養深厚的漢學世界開始往各國的語言世界移動邁進。普遍的漢學世界裏，各國的水準參差不齊；語言世界裏，漢語、韓語和日本語則屬於同一層次，相對於漢語而言，僅只是他國語言。這意指在創作《和漢乘合船》時，正是漢學普及與各國語言混同的變革期。

三、結論：日本俗文學中漢學的意義

　　經過長久戰亂後所受容的日本漢學，主要是經由朝鮮傳入日本國內。雖然也有和中國進行交流而得到的內容，但在初期階段仍是以朝鮮為中心。可能是因為量的關係，或因經朝鮮費時考證過的內容較易為大眾所接受之故。德川初期受容漢學的中心人物林羅山，身為法印，又兼僧侶、儒官和幕府官吏。雖然他明示朱子學是學問的中心，但他的學問多歧，有如啟蒙時代的學者般富於多樣性。林羅山對振興儒學不遺餘力，同時對於故事集和怪談小說亦寄予高度的關注。

　　啟蒙書的受容方面可看出受善書《勸善書》、《為善陰騭》和《三綱行實》的影響。在日本，善書正式的受容時間雖約為17世紀後半，但也可由羅山的讀書目錄窺知一二。此外，羅山所關心的怪談小說亦成為日本近世文學的主流。

　　《和漢乘合船》中包含了許多從羅山身上可見的要素。其中的共通之處便是德川時代受容漢學的一面──善書及怪談故事。此外，《和漢乘合船》中活用朝鮮通信使李東郭的歷史材料，其設定的基礎可能和對抗朝鮮的意識有關。此外，作為題材加以活用的神功皇后與豐臣秀吉，也都是和朝鮮有密切關係的人物。德川初期很少看見有關秀吉的記述，但包含《和漢乘合船》在內，這時期的其他書籍中卻常見與豐臣秀吉相關的記載。這表示德川幕府的情況穩定，並不需要特別對豐臣秀吉加以防備，且可據此判斷當時的集團意識並不差。這樣的共同意

識，便是運用日本軍記物語的形式加以表現的《和漢乘合船》
之主要故事內容。

《和漢乘合船》同時利用李東郭和漢學文獻，從漢學中擷
取新題材，並在時間概念上活用朝鮮通信使的例子，對於得經
常推出新作品的日本俗文學來說，想必經過相當長的摸索過
程。

《和漢乘合船》裏並沒有使用漢語，但同時期的《新鑑草》
（1711）內則可看到漢語的受容，因此可推斷：此時爲從受容
漢學過渡到使用漢語的時代。1711年，岡島冠山參加朝鮮通信
使的唱和大會便是一種象徵，表示從漢學轉移至以漢語爲中心
的階段。

十八世紀中葉後所登場的讀本，是以日本共同意識爲中
心，並與漢語世界重疊的文藝。讀本多以中國故事爲題材，其
產生的背景是結合本國的共同意識和以漢語爲中心的外國趣
味。這意味著1712年發行的《和漢乘合船》中雖然未見漢語的
使用，卻具備了外國趣味及日本的共同體意識。因此，可以說
《和漢乘合船》是藉由出版文化的發達，將內容豐富的漢學當
作外國趣味活用至日本近世俗文學的早期範例。

韓國的漢學運用，是和人類所謂的普遍性相關的問題，也
是由社會的領導階層所主導的範疇。包括漢語在內的語言，在
機能面上由中產階級和庶子負責，所以如日本那樣將漢學活用
於俗文學的例子並不多。相較之下，在日本，漢學較不受思想
的束縛，並能自由地將故事題材加以活用，這也可能是因爲朝
鮮社會和德川時代的日本社會價值觀不同所致。

長崎清客與江戶漢詩：
新發現的江芸閣、沈萍香書簡初探

蔡毅*著

一

　　江戶時代的中日文化交流，有一個特殊的現象值得注意，即由於德川幕府實行閉關鎖國政策，日本人不得渡海外出，遣唐使的揚帆遠航，五山僧侶的巡禮遊歷，都已塵封爲歷史的記憶，對那一海之隔的西土大陸，他們只可望而不可及。這樣一來，在兩國間承載交流使命、充當文化信使的，竟主要是一些名不見經傳的來往於長崎的清代客商。因此，這些清客是什麼樣的人物？他們帶來了什麼？又帶走了什麼？就成爲我們矚目以書籍爲中心的江戶時代中日文化交流史時，不可忽視的重要課題。

　　清客們帶來了什麼書籍？對此以已故大庭脩教授的傑出業績爲代表的一系列研究，可以說已取得了相當深入的進展。清客們帶走了什麼書籍？對這個所謂「逆輸入」的現象，近來學界亦頗多關注。但在後者的研究中，有一個環節似乎還顯得相對薄弱，即清客們在這種文化交流中發揮橋樑作用的同時，

* 日本南山大學外國語學部教授。

他們自身還作為中國的文化使者，對江戶漢文學，尤其是漢詩，做出了鑑賞、指導乃至向中國介紹的特殊貢獻。[1]最近新發現的清客江芸閣、沈萍香書簡，就為此提供了有力的佐證。

這些書簡是京都大學松田清教授 1997 年在赴長崎作資料調查時，於長崎古美術商川內利昭處發現的。松田教授後來從川內氏處得到原件的複印本，遂囑筆者予以考察。該書簡同年由長崎縣立美術博物館作為書法作品收購館藏。經松田教授介紹，由長崎縣立圖書館本馬貞夫先生代為安排，筆者於 2003 年 5 月 4 日赴長崎，並得以親見書簡原件。書簡均被精心裱褙，以連頁裝訂成兩冊，一冊為江芸閣致水野媚川信函及若干自作詩文手稿，共三十二通；另一冊為沈萍香致水野媚川信函及若干自作詩文手稿，共二十通；兩冊合計五十二通。裝訂似乎是以年代先後為序，但因書簡大多未署年份，有些順序容有疑問，以下為便於敘述，兩冊分別且依現有順序編號，稱為某號書簡。這些書簡雖有部分破損、蠹蝕和缺頁，但近兩百年前的中國普通商人的書信文稿被如此妥為保存，仍不能不使人對日本人珍惜文物的熱情肅然起敬。

據筆者調查，這些書簡其實並非現在才初見天日，早在1931 年，長崎圖書館第二任館長增田廉吉氏於〈長崎における賴山陽と江芸閣〉一文中，曾提到過其中的江芸閣書簡，其文云：

---

[1] 依筆者管見所及，這方面的論文僅有德田武：〈中國文人が批評した江戶漢詩〉，王勇、久保木秀夫編：《奈良、平安期の的日中文化交流》（東京：農山漁村文化協會，2001 年），頁 224-241。

這份書簡係由小曾根乾堂氏搜集，整理為折本一冊收
藏，其中多數為江芸閣致水野媚川書簡。筆者曾借得原
件，並當即謄寫了一份，然其間想必會有不少舛訛和脫
漏。筆者的鈔本現正託長崎高等商業學校教師王氏（中
國人）代為訂正，故此處僅據鈔本略舉一例，其餘則容
日後詳陳。[2]

　　增田文共引用了現編號為 3、14 的兩通江芸閣書簡（如其
自云，若干文字的判讀似乎有誤），其他則並未涉及，沈萍香
書簡則無一語及之。增田氏此後的進一步論述筆者未見，這些
書簡也不知去向，再也沒有任何著述提到過它們的存在。按：
小曾根乾堂為長崎著名書家，其搜集目的當著眼於書簡的書法
價值。現檢江芸閣書簡冊尾鈐有「長崎名物品展覽會、貿易史
料」的印記，「品名」為「書折本」，「出品者」為「吉村善三
郎氏」，長崎縣立圖書館本馬貞夫先生推測或許與江戶時期長
崎漢詩人吉村迂齋（1740-1805）的後人有關，並認為印記當鈐
於增田氏撰文的 1931 年之後。據此，江芸閣書簡自收信人水
野媚川始，至今的流傳經過，已判明者可圖示如下：

　　水野媚川→小曾根乾堂→吉村善三郎→川內利昭→長
　　崎縣立美術博物館

唯其具體經過尚不明，沈萍香書簡則因無人言及，流傳過程更

---

[2] 《長崎談叢》（長崎：長崎史談會，1931 年），第 8 輯，頁 33。原文為日文。

無從知曉。

　　下面即圍繞這些書簡，對江芸閣、沈萍香與以賴山陽爲代表的江戶漢詩人的交遊關係略作考述，並對該資料的發現者松田清教授，以及協助調查者本馬貞夫先生謹致謝忱。

二

　　十九世紀初來往於長崎的清客中，最有「文名」的，恐怕要算是江芸閣了。關於江芸閣在日本豐富多彩的文化活動，筆者擬另撰文作全面評述，這裏僅就其生平與本文有關的情況作一簡介。

　　江芸閣，名大楣，字辛夷，號芸閣，[3]蘇州人。其兄江稼圃，名大來，字泰交，號稼圃。稼圃科舉不第，遂跨海東遊，現知其最初來日記錄爲文化元年（1804）。擅長南畫，對長崎南畫家木下逸雲等頗有影響，其畫現存日本。亦長詩文，與大田南畝（蜀山人）等多有交遊。江芸閣的來日，與其兄當有一定關係。《割符留帳》[4]記江芸閣來長崎共十三次，爲便於考訂其書簡的作成年月，現將其每次抵達時間列述如下：

3　也有作名辛夷，字芸閣，號大楣的（參古賀十二郎：《長崎畫史彙傳》），此　　據大庭脩：《漂著船物語》（東京：岩波書店，2001 年）之考訂結果，頁　　167。

4　收錄於大庭脩編：《關西大學東西學術研究所資料集刊》9（大阪：關西大　　學東西學術研究所，1974 年）。

文政二年（1819）二月二十四日，卯一番船
文政五年（1822）六月十八日，午二番船
文政五年（1822）十二月十五日，午六番船
文政七年（1824）正月八日，未七番船
文政七年（1824）七月五日，申三番船
文政八年（1825）六月六日，酉三番船
文政九年（1826）四月十九日，戌一番船
文政十年（1827）閏六月三日，亥二番船
文政十年（1827）十二月八日，亥十番船
文政十二年（1829）二月八日，子八番船
文政十三年（1830）六月十三日，寅一番船
文政十三年（1830）十二月十九日，寅九番船
天保二年（1831）十二月十四日，卯二番船

據此，江芸閣初次來日爲文政二年（1819），其實現存《割符留帳》只有文化十二年（1815）之後的兩冊（另一冊爲番外船），而且記載的僅爲船主之名，如果是一般船客，則沒有任何記錄。事實上，早在文化十一年（1814），江芸閣就已在長崎留下了足跡，市河寬齋該年遊長崎時，曾與江多有贈答，並將其作收入《瓊浦夢餘錄》中。[5]下文提到的賴山陽文政元年（1818）

5　見市河三陽編：《寬齋先生餘稿・瓊浦夢餘錄》（東京：遊德園，1926 年），
　　頁 283-327。

遊長崎時，也說「余聞江名久矣」，[6]如此聲名遠播，應該決非一日之功。

江芸閣生平的有關資料均見於日本，中國方面的記載，迄今僅覓得一條，即翁廣平《吾妻鏡補》卷二十四所錄：

> 江芸閣詠崎嚳名妓色藝兼全者，作〈竹枝詞〉十餘章。譯監陳煥章手錄以示余。吟諷之間，覺麗情艷態，宛然溢於紙表，而芸閣流風逸韻，亦可想見也。戲作二絕句，因煥章寄之，博其一粲。（詩略）[7]

「譯監陳煥章」未知何人，長崎唐通事中不見其名，而且唐通事也不可能直接渡清，且容作別議。翁所云江芸閣〈竹枝詞〉，市河寬齋《瓊浦夢餘錄》曾收其「竹枝體四首」，其餘未見，而新發現的江芸閣書簡中，26 號恰錄有七絕十六首，分詠長崎諸妓，末署曰「丙戌春日續品花新詠十六首題詞」，「丙戌」即日文政九年、清道光六年（1826），該年四月江曾乘戌一番船來長崎。另 28 號書簡又錄其題名〈竹枝詞〉之作八首，雖未標示諸妓之名，然內容均如翁廣平所云「麗情艷態」，故亦可能為翁所寓目。現錄其詠妓詩中較「雅」的一首，以見其「流風逸韻」：

> 疑是唐宮江采蘋，淡粧素服最宜人。憑誰慣寫風前影，除卻梅花總未真。（政名木）

---

[6] 賴山陽：〈次韻江大楣（芸閣）鄒星岩詩〉，《賴山陽全書・詩集》（廣島：賴山陽先生遺蹟顯彰會，1922 年），卷 11，頁 232。

[7] 王寶平編：《吾妻鏡補》（京都：朋友書店，1997 年），頁 490。

一說江芸閣尚著有《蘭陵山館吟稿》，但不見於任何著錄，姑錄以存疑。

　　沈萍香的知名度則遠不能與江芸閣相比，現據筆者已知資料，撮述其生平大要爲：沈萍香 10 號書簡，自云蘇州人，名（字？）鳳翔，號萍香。《割符留帳》記其來長崎共九次，現同樣將其每次抵達時間列述如下：

> 天保十一年（1840）十二月三日，子二番船
> 天保十二年（1841）六月九日，丑二番船
> 天保十三年（1842）正月十六日，寅二番船
> 天保十三年（1842）十二月廿一日，寅四番船
> 天保十四年（1843）十二月八日，卯六番船
> 天保十五年（1844）七月十三日，辰二番船
> 弘化二年（1845）七月十一日，巳一番船
> 弘化二年（1845）十二月十一日，巳四番船
> 弘化三年（1846）六月十四日，午三番船

但如後文所述，在賴山陽去世的天保三年（1832）之前，他已和賴山陽有所聯繫，可見其實際來航次數更多。沈萍香在長崎時，也曾有過一個名叫花絹的愛妓，並於天保十三年（1842）末爲其產下一男兒，取名友吉。友吉在花絹之母家長大，但在沈萍香來日時，也可能在唐館享受過父愛。長崎興福寺的「過去帳」上，留有這樣一行記錄：

> **十一月六日：皇清例贈修職郎國學生顯考萍香沈府君神**

位。[8]

依清制封典，「例贈」爲推恩授予已歿父祖官爵。長崎清客在去世後，子孫多於興福寺供奉其牌位，但或有不明記歿年者，沈萍香即如此。

在江、沈與江戶漢詩人的交往中起重要中介作用的，則是這兩冊書簡的收信人水野媚川。

水野媚川（？-1846），名勝太郎，字鏡卿，號媚川，又號鷗夢、知止，曾負責管理清客住所「唐人屋敷」。關於其爲人，以田能村竹田《竹田莊師友畫錄》「水知止」條記之最詳：

> 襟懷爽邁，風流迭宕，外柔內剛，興之所到，無所不爲，不能如世儒屑屑乎繩墨之末也。與村萬載、道文淵爲莫逆友，晨夕往來，課經史，論詩詞，最能書，間及一二雜畫。予藏其鰔魚圖，題字瀟灑有致。暇則參禪於山中白徒，鬭句於海外騷客，浮大白於飛絮落花之前，驅裙屐於墮釵遺簪之間，蓋劉梅泉以後一人也。予少喜填詞，遊崎日，得江芸閣，使其拍按是正，實鷗夢之力哉。[9]

文中提到的「村（尾）萬載」、「道文淵」，均爲長崎文人，在江、沈書簡中亦屢屢出現；「劉梅泉」即游龍彥次郎，曾爲唐通事。由此可知水野媚川工詩善畫，於當地文壇頗具聲譽，和

---

[8] 據古賀十二郎：《丸山遊女と唐紅毛人》（長崎：長崎文獻社，1995 年新訂版），頁 674-675。

[9] 收錄於廣谷雄太郎編：《田能村竹田全集》（東京：國書刊行會，1924 年），頁 121。

清客們也多有交往，江芸閣、沈萍香的書簡即賴其得以留存，
使我們可以據此窺見中日文化交流的一個新側面。

三

　　新發現的江芸閣、沈萍香書簡中，最值得重視的，莫過於
他們與賴山陽交往的記錄。

　　文政元年（1818）五月，賴山陽開始了他期盼已久的長崎
之旅。他來長崎最主要的目的，是見當時已大名鼎鼎的江芸
閣。田能村竹田《卜夜快語》[10]云：「山陽在崎，候江芸閣，九
十日而不至。」因江芸閣為大風所阻，不能按期來航。無奈之
中，經水野媚川介紹，山陽於丸山花月樓見到了江芸閣的愛妓
袖笑，為之題寫〈戲代校書袖笑憶江辛夷（芸閣）乃敘吾憶也
二首〉，並附識語云：「僕千里裹糧，本意欲一嘗長兄，結海外
良緣，而為造物所妒，天長海遠，此恨曷極。」[11]席閒「有人
勸袖笑薦枕蓆」，而山陽曰：「吾之所望，本屬芸閣，不在袖笑
及諸妓也」，予以拒絕。「於是袖笑笑曰：『先生狷潔如此，請
有一話，以供笑資。曩芸閣在唐山，託譯官某，使一畫師作兒
小照以寄。畫師至，曰同寢而後作。兒峻拒不肯。畫師大慍，
草草塗抹，攣耳齁唇，備極醜惡。後芸閣至，謂兒曰：卿當時

---

[10] 收入《日本儒林叢書》（東京：鳳出版，1978 年），第 1 卷，頁 3。

[11] 《賴山陽全書・詩集》，卷 11，頁 232-233。

愁之深邪？抑病之倦邪？何不相肖之甚乎？」山陽遂不一宿而
還。」（以上見《卜夜快語》）

關於這段逸事，論者多有引述，並有人認爲未可全信。新
發現的江芸閣 4 號書簡，則可爲之補充一條細節旁證：

> 又與そて信一封，乞面交收持是禱。

> 再祈諭知そておふき，外街有畫師一人能畫小影者，今
> 春曾經畫過一幅，只有三分相像，故已退還，今務必再
> 畫一幅，必須活像そておき者。

> 望密密封好，同所鈔《香夢稿》一併妥寄為禱。此事切
> 勿與人知道。

這裏的そておき，並非上文的袖笑，而是江芸閣的另一名愛妓
袖扇，但話題一致，可見田能村竹田的記敘決非空穴來風。在
江芸閣書簡中，分量最大的就是他再三叮囑水野如何關照他的
這兩名愛妓，水野之所以向賴山陽引見袖笑，也應緣於他與江
的這種特殊關係。

賴山陽雖然沒能見到江芸閣，但在這以後兩人時有書信往
來，賴山陽詩集中存有多首與江芸閣的唱和之作，在他有文字
交往的清人中，密切程度無疑以江芸閣爲最。他不僅自己對江
芸閣禮貌有加，還把女弟子兼情人江馬細香介紹給江，細香尊
稱江爲「先生」，其《湘夢遺稿》中，也可見其與江芸閣的贈
答酬唱。然而，在這種貌似尊敬的表象背後，我們須加注意的
是，儘管當時江芸閣在日本漢詩壇已炙手可熱，但賴山陽並沒
有像其他漢詩人那樣，請江爲自己的詩文作序題跋，評點加

批，在賴山陽詩文中，找不到江芸閣添加的隻言片語，也就是
說，賴山陽對江芸閣的內心評價，其實自有別論。

　　眾所周知，在江戶後期的漢詩人中，賴山陽稱得上是「自
國意識」最強的一位。對他的政治思想、歷史認識，這裏不予
置評，僅從其文學主張，也可以看出他要求與清代文人平等對
話的心情是何其迫切。賴山陽著名的〈夜讀清詩人詩戲評〉，[12]
逐一評騭了明末以來十五位詩人，或褒或貶，純出己意，絲毫
沒有以往日本漢詩人因過於尊崇彼岸先賢而顯出的謙卑之
態。對那些聲名卓著的清詩人，賴山陽尚且如此桀驁不馴，對
往來於長崎的普通清客，他就更近乎目中無人了。例如：他在
爲野田笛浦《海紅園小稿》所作的序中說：

> 且客皆商賈估儈，饒使相晨夕，未必有益也。……渠輩
> 常輕視此間文詞。……恨不附載船尾，錯出筆鋒，如古
> 之留學生數員同往，援我角彼耳。[13]

這篇序作於文政九年（1826），同書尙錄有江芸閣對野田詩作
的評語，所以江完全有可能看到賴山陽的這段批評。其實，不
以長崎清客爲然者，非止賴山陽一人。《海紅園小稿》古賀侗
庵的跋，也說：「今之來者，特賈人子，伎倆可想，因不之與。」
同樣不避江芸閣之目，可見這是當時日本漢詩人中相當普遍的
看法。

---

[12]　《賴山陽全書・詩集》，卷 19，頁 573-574。

[13]　田中謙二、松浦章編著：《關西大學東西學術研究所資料集刊》（大阪：關
　　　西大學出版部，1986 年）13 之 2 所收刊本《海紅園小稿》，頁 307-309。

　　如果說在序跋中賴山陽還有所顧忌，不便直接指名非議的話，在不公諸於世的私人信件中，他就完全可以肆言無忌了。天保三年（1832）春，他在致長崎木下逸雲信中，談及吳縣人顧鐵卿託其為《頤素堂詩鈔》題詞一事時，順便帶了一句：

> 近來芸閣、萍公之輩與其相比，不啻雲泥之別。[14]

江芸閣及下文將詳述的沈萍香，在賴山陽看來，即便與清代普通文人顧鐵卿相比，也根本不可同日而語。

　　那麼，賴山陽對江芸閣的表面虛與委蛇，究竟有什麼實際目的呢？前引賴山陽〈夜讀清詩人詩戲評〉的最後四句，也許可以透露此中消息：

> 吹燈覆帙為大笑，誰隔溟渤聽我評？安得對面細論質，東風吹髮騎海鯨。

對一海之隔的清代詩人，他已不滿足於亦步亦趨，而是渴望他們也能聽取自己的聲音。這種追求，既是賴山陽的個性使然，也和江戶中期以後日本民族意識的高漲息息相關。在中日文化交流史上，十九世紀初以林述齋編《佚存叢書》為代表的中國散佚而日本尚存的漢籍還流，就從一個側面呼應著這一新的氣運。而且，不僅是中國的散佚古籍，日本人的漢文著述，也開始陸續傳入西土。賴山陽得知江芸閣之名，乃緣於市河寬齋的介紹，而寬齋文化十年（1813）九月親赴長崎，在那裏盤桓一

---

[14] 德富豬一郎等編：《賴山陽書翰集》下卷（東京：名著普及會，1980 年覆刻本），頁 829。原文為日文。

年之久，與江芸閣等交往，主要目的就是打探十年前其子市河米庵託清客送往中國的《全唐詩逸》的下落。[15]然而，《全唐詩逸》畢竟還是對唐人佚詩的搜集，並非寬齋本人撰述，新發現的江芸閣、沈萍香書簡，則披露了一個迄今罕爲人知、完全是日本人撰寫的著作的具體西傳過程，這就是賴山陽的《日本樂府》。

賴山陽於文政十一年（1828）歲末，仿明代李東陽的《擬古樂府》，一氣呵成了分詠日本歷史的《日本樂府》六十六首（其中有部分爲舊作的改寫）。該書文政十三年（1830）冬刊行，一年多後就得到了中國文人的評論，在日本漢詩的西傳史上，這也許是最快的一例，對此《賴山陽全傳》天保三年（1832）十月廿四日條已有著錄（後詳）。其傳送何以如此之速？江、沈的書簡，可以爲我們破解這個秘密。

江芸閣致水野媚川 13 號書簡云：

> 今春所託評閱賴樂府，攜歸即送晚香主人。奈伊即日起程往浙江兒子署中去矣。此書帶去未還，且待伊歸向索也。

「所託評閱」，說明這是出自水野之請；「晚香主人」尚未查實，想必爲中土文人名士，聲望地位當遠在江芸閣之上，否則不會入賴山陽法眼。該函未署年月，查江芸閣文政十三年（1830）六月至天保三年（1832）四月爲在留船主駐長崎，且信中未言

---

15 參見拙作：〈市河寬齋與《全唐詩逸》〉，收入香港浸會大學《人文中國學報》，第 8 期（2001 年 9 月），頁 135-155。

及賴山陽去世事，「今春」當爲天保三年（1832）春天。其時
距《日本樂府》刊行僅僅一年稍過，水野的動作可謂迅速。

　　江芸閣所託「晚香主人」的「評閱」，看來並無下文，就
在這時，傳來了賴山陽撒手西歸的噩耗。江芸閣致水野媚川 16
號書簡云：

> 驚聞山陽先生已歸道山，惜乎早卻一二十年矣。然數之
> 所定，人不可不守。且喜後起有人，懿範可繼，而蟬蛻
> 之理，古今一轍，毋足望而長噓也。……
>
> 附上賴公手澤信皮一帋，以明我珍重故人之至意，久藏
> 不敢失也。
>
> 望附封前去，用誌真心交誼云。

這封信日期署爲「六月初三日」。按：賴山陽天保三年（1832）
九月辭世，江芸閣此函當爲翌年之作。大約與此信同時，江芸
閣 17 號書簡（殘頁）尙云：

> 茲奉輓言三首，望即覓便寄往，以作十年未識面
> □□□，令人不得不黯然神傷。□□□□□□□□一冊
> 仍藏篋中，必俟我自己拜交尊處為妥。

從賴山陽初訪長崎，兩人神交已有十四年，「十年」乃取其約
數。信中□處爲蠹蝕，故「一冊」不知何謂，但很有可能就是
前函所云「索」回的《日本樂府》。

　　這封信剛剛發出，江芸閣又收到了水野的來函，他緊接著
在日期署爲「六月初十日」的 19 號書簡中寫道：

六月七日奉到尊札，……同時又接手書，切云賴公樂府
之需。斯時難以託寄，使草率而致誤，為之奈何？故非
敢緩也，差有待也，終不誤閣下徐君墓劍之義可了。

「斯時」以後一段，似有難言之隱，具體情形現在無從知曉，
唯「徐君墓劍」一語，因使用了春秋時延陵季子感徐君之義，
掛佩劍於其墓的典故，故可確認此函為賴山陽死後之作，同時
也可看到水野媚川對亡友的一片深情。

　　遺憾的是，託中國文人評閱《日本樂府》的使命，江芸閣
最終未能完成。值得慶幸的是，水野並沒有唯江芸閣是求，他
還同時悄悄地另覓高明，這個人也果然不負所望，他就是沈萍
香。

四

　　沈萍香如前所述，於江戶文壇名聲雖然遠不能望江芸閣之
項背，但在眾多清客中，仍屬操觚染翰之士，因此與水野媚川
之間，也就有了一段特殊的因緣。

　　沈萍香 16 號書簡，其實並非信函，而是沈與水野的一段
筆談：

（水野）：《日本樂府》齎歸乞翁先生雌黃一件，深為拜
託。

翁先生、榕園先生同學人。

（沈）：翁海村，知不足。

我有微物，未曾檢出，正月內奉贈，乞恕之。

翁公本來相好，榕園却不認識。當到吳門訪託，勿負見委。

（水野）：所賜科場書，看過畢瞭然。多謝。

（沈）：緩日我尚有事奉託。

《花月樓小集》重刻否？

（水野）：已告成，他日應上呈。

遊記山陽批徑電覽否？

（沈）：緩日我再要做跋。

（水野）：敝邦一佳話也。

這份筆談未署時間，從文中言及與賴山陽有關的「遊記」（不詳）而未言及其死，以及後文要談到的錢泳題詠時間來看，當作於天保三年（1832）上半年。在新發現的江、沈書簡中，這份筆談也許最具有史料價值，以下且對此稍作詳考。

水野首先拜託的「翁先生」，大概出自沈萍香的推薦。翁廣平（1760-1842），字海琛，號海村，江蘇吳江人。他的《吾妻鏡補》作爲中國第一部研究日本的集大成之作，近年來受到廣泛重視。該書引用日本資料多達四十一種，在當時的條件下，堪稱洋洋大觀。而翁廣平科舉不第，仕宦無成，一生蟄居故鄉平望，幾乎足不出戶，其資料何所從來？這裏的奧祕，在

於當時中日貿易的主要港口浙江乍浦，距其家鄉不遠，那些往
返於長崎的吳門清客，他也多有交往，因此才能享有別人不可
企及的研究日本的便利條件。沈萍香是否了解《吾妻鏡補》的
寫作，是否有將《日本樂府》納入該書的希求，現在無從考證，
但作爲「本來相好」的同鄉人，他知道翁廣平是當地的「日本
通」，才向水野推薦其人的，卻也應該是不爭的事實。

　　其實，沈萍香瞄準的目標似乎更高、更大，這就是筆談中
的「翁海村，知不足」六個字。鮑廷博的《知不足齋叢書》，
因收入太宰純校《古文孝經孔氏傳》等書，在日本名震一時，
林述齋的《佚存叢書》，即多爲鮑氏所取資；市河寬齋編《全
唐詩逸》，也以廁身其列爲最高理想。而翁廣平和鮑廷博交遊
甚深，《全唐詩逸》就是因翁廣平推薦，在鮑廷博去世後，由
其子鮑志祖於道光三年（1823）收入叢書第三十集的。該集還
收有翁廣平自撰記其族叔事跡的〈餘姚兩孝子萬里尋親記〉，
這篇文章僅不足三千字，內容、體例與《知不足齋叢書》其他
諸作迥不相類，可見他和鮑氏父子的交情非同一般。儘管《知
不足齋叢書》至三十集已壽終正寢，但沈萍香並不一定知道詳
情，通過翁廣平把《日本樂府》納入叢書，會不會是沈萍香向
水野許下的宏願呢？

　　另一位拜託對象「榕園」，則出自水野之請。榕園即吳應
和，《清朝續文獻通考》卷二百七十九經籍二十三云：

　　《榕園吟稿》十卷，吳應和撰。原名寧，字子安，號榕
　　園，浙江海鹽人。

吳應和既非達官顯宦，也非文壇巨擘，更不像翁廣平那樣和日本有特殊的因緣，水野爲何同時還選中了他？原來賴山陽天保二年（1831）秋於歸省旅途中，曾抽暇評點了《浙西六家詩鈔》，而這部詩集的編選者，就是吳應和。吳選編成於清道光七年（1827），而賴山陽的評點直到十八年後、嘉永二年（1849）才正式出版，當時並未流傳，水野遠在長崎，卻如此迅速地捕捉到這個信息，可見他對賴山陽關注之切、了解之深。

也許因爲沈萍香「不認識」吳應和，「訪託」似乎並無結果，而翁廣平那裏，卻不僅確確實實送達，翁還特意爲之撰寫了一篇長序。因翁廣平《聽鶯居文鈔》僅有鈔本，不易得覩，現將其〈日本樂府序〉全文具引如下：

> 余讀《尚書》，有曰：文命敷於四海。又曰：聲教訖於四海。是知漸被之所及，無間於海隅日出處也。海外諸國，日本爲近。日本之名，始見於《漢書》，其後皆通貢使，進方物也。宋文帝元嘉二年，國王讚遣使進方物，其表辭頗雄健。李唐時，粟田真人入朝求書籍，其副朝衡仲滿能詩，多所該識。及歸，王維、李白諸詩人作詩以送之。趙宋時，僧寂照八人來朝，識文字，詔號圓通大師，其詩集載《宋史・藝文志》。前明貢使之詩，都選入《明詩綜》、《列朝詩選》等書。至我國朝，頗多著述，余所藏有《論語徵》、《戊亥遊囊》、《南遊稠載錄》、《古梅園墨譜》數種。其校刊者，有《佚存叢書》、《群書治要》等數種。今又得見山陽外史之《日本樂府》，益信此邦之多文獻也。山陽所詠，有六十六闋，中有〈吾

妻鏡〉一闋。按：朱竹垞《曝書亭集》有〈吾妻鏡跋〉，云有五十二卷，所記始安德天皇治承四年，訖龜山院天皇文永三年，凡八十有七年。某年月日之陰晴必書，餘紀將軍之執權及會射之節，而國之大事甚略。余於是欲作《吾妻鏡補》為一書，乃於友人處借閱高麗申叔舟之《東國通鑑》，其記日本三冊，漫漶不能披閱，於是采歷代國史通鑑，與各家紀載而成。而所以名「吾妻鏡」之義，不可得也。及見山陽之樂府，始豁然矣。此冊沈蘋（萍）香先生得於長崎島市中，介其戚友錢梅溪先生以示余，且屬為序。余吟誦再四，思欲搜索枯腸，以贊美良工之苦心。及讀至竹田陳君評語，云：有史才者無詩才，有詩才者無史才，山陽兼而有之。又曰：其所議論，如諷如喻，或華或樸，如漢人樂府，如漢人童謠。又曰：腕靈舌妙，意暢神酣，有億萬字所不能包者。旨哉評乎，余何能更贊一辭乎？按：山陽自題謂以探梅餘興而作，且歷引楊廉夫、張光弼、李賓之、尤展成諸君子之所詠，以為山益學者，不為徒作，其自評所作為鄙俚率薄，是則山陽不獨才藻之可觀，抑撝謙之獨出於等夷也。拙著之《吾妻鏡補》已付剞劂氏，今得見此樂府與信侯之註，當亟鈔錄之，以慰余見所未見之願，不亦晚年一大快事也哉！[16]

[16]《聽鶯居文鈔》（清葉氏五百經幢館鈔本，上海圖書館藏），卷5。此文由該館許全勝先生代為複印，謹致謝忱。

這篇序言，不啻一部日本漢學西傳簡史，讀來饒有興味，而翁廣平對於史料中有關日本記載之熟稔，也於此可見一斑。僅就與本文有關部分而言，他說《吾妻鏡》書名的由來一直不得其解，到讀了賴山陽《日本樂府》第三十二首〈吾妻鏡〉，才豁然貫通。其實該詩以及牧百峰（信侯）注只不過是敘寫北條氏二女的一段故事，並非對來源於地名的「吾妻」的說明，翁廣平依然未得正解。文末所云：「拙著之《吾妻鏡補》已付剞劂氏」，亦非事實。《吾妻鏡補》寫成於嘉慶十九年（1814），但因種種原因，一直未得刊行，「已付剞劂氏」云云，僅是當時之籌劃，但他特地提及，似乎也隱含著來不及補入賴山陽此作的遺憾。「見所未見」一語，同樣見於翁廣平爲市河寬齋《全唐詩逸》收入《知不足齋叢書》時所作的跋，可見他對這些來自東瀛的典籍的珍重。

　　翁廣平序言中提到的「錢梅溪」，即錢泳（1759-1844），字立群，號臺仙、梅溪，江蘇金匱人。諸生，曾與翁方綱等交遊，嫺於詩書字畫，對日本文史亦頗感興趣，因其家居今無錫一帶，故可和翁廣平一樣從清客們那裏觀覽日本典籍，賴山陽《日本樂府》即因此得以寓目。《賴山陽全傳》天保三年（1832）十月廿四日條：

> （清道光十二年）該日，清國錢梅溪，得沈蘋香見贈其於長崎來舶時所獲《日本樂府》，乃作五律二首，追慕之餘，添書於小屏風，送來京都賴家（三年後送達）。中川漁村云此由梨影見示。支峰又將其詩冠於《樂府》，並自添跋文，刊於「增補」本（明治十一年二月）。

沈君蘋香，嘗遊長崎島，於市中得《日本樂府》一冊，
持以示余，為題其後二首：

文教敷東國，洋洋播大風。傳來新樂府，實比李尤工。
（自註：謂李賓之、尤西堂也）稽古聯珠璧，斟今考異
同。天朝未曾有，還擬質群公。

詩才真幼婦，史筆表吾妻。日月無私照，風雲漸向西。
雄文標玉管，彩筆敵金閨。聞說扶桑近，高攀未可躋。

道光十二年十月廿四日，句吳錢泳題。[17]

錢泳的題詠，大概是中國文人對《日本樂府》最初的評價。正
因其難能可貴，山陽之子賴復（支峰）才於明治十一年（1878）
《日本樂府》改版增補時特意附於書後，並作跋曰：「而其詩，
先考易簀後，經三褰葛，始寄送京師。」[18]錢氏作詩的「道光
十二年十月廿四日」，正值賴山陽辭世後整整一個月，未知山
陽冥冥之中，可曾對這異國知音發出一嘆？值得注意的是，翁
廣平說：「此冊沈蘋香先生得於長崎島市中」，錢泳也說：「沈
君蘋香，嘗遊長崎島，於市中得《日本樂府》一冊，持以示余。」
都未提及此乃日本人水野媚川特意囑託，而無意得之，與有意
求之，其在文化交流史上的意義，實有天壤之別，因前者往往
止於搜奇獵異，而後者則係自主推介，由此我們也更可感知新

發現的沈萍香書簡盡訴原委之可貴。

　　《全傳》所云「三年後」送抵賴家的小屏風和錢泳題詠，也說不定就是沈萍香帶回長崎的。沈萍香 14 號書簡云：

> 承委翰《楓詩》、《日本樂府》、《秋塘家訓》各種，均於明年帶上。

這裏舉出的三種著作，沈萍香在賴山陽去世九年後寫過一首悼詩，對前兩種的由來作了明確的說明。現先將該詩具引如下：

> 筆大如椽學問深，未曾復面已心傾（自註：余有〈詠楓詩〉二十四首，曾蒙評點，極為獎賞，因憶及之）。論詩具見推敲細（楓詩中改竄處尤佳），惆悵空留樂府音（先生贈余樂府後，遽歸道山，什襲茫茫，不勝物是人非之感）。
>
> 辛丑清明後一日，僑寓崎館，獲觀山陽外史遺墨一冊，手不忍釋，率成七絕一首，以應龜齡花月琴翁之命。山陽翰墨不易多得，願龜齡其永寶諸。
>
> 吳門沈萍香題[19]

按：「辛丑」（1841）為清道光二十一年、日天保十二年，據前引《割符留帳》，此前一年十二月沈萍香來長崎，看來逗留到次年清明之後。14 號書簡所云「楓詩」，當指「〈詠楓詩〉二十四首」，而「委翰」，則應指賴山陽對其詩的「評點」和「改竄」，

---

[19] 收入龜齡軒編：《三十六峰山陽外史遺墨》（天保末年刊）。

遺憾的是這些作品現在似已不存。值得注意的是該詩自註說「先生贈余樂府後，遽歸道山」，據此則《日本樂府》是賴山陽辭世前不久自己贈給沈萍香的，當然很可能是通過水野媚川轉交。書簡中提到的「秋塘家訓」，也其來有自。原來「秋塘」即沈萍香祖父，他大概是爲了光耀門楣，曾特意請賴山陽撰寫題跋。《賴山陽文集》卷十三〈跋沈秋塘家訓〉云：「乃孫蘋香，念祖不忘，勒石公世，計與其功德，並垂不朽。」文末署「辛卯中元後二日」，即天保二年（1831）七月十七日。[20]《賴山陽全傳》天保三年（1832）十一月十三日條引雲華上人弔唁後所作信函中，云「唐人沈萍香」曾有欣慕賴山陽之詩，大概就是爲此事而作的。[21]上引沈萍香 14 號書簡首言「九月廿七日自崎揚帆」，末署「十一月十九日」，而錢泳題詠作於十月二十四日，故信很可能同樣寫於道光十二年（1832），即賴山陽爲之作跋的翌年。可惜這時賴山陽已經作古，沈萍香的種種努力，只能成爲他身後的一輪光環，供人憑弔了。

五

賴山陽《日本樂府》的西傳過程，已如上述，但其中顯然有一個大問題：對江、沈所有的委託，均來自水野媚川，賴山

---

[20]《賴山陽全書・文集》（廣島：賴山陽先生遺蹟顯彰會，1921 年），頁 627-628。
[21]《賴山陽全書・全傳》，頁 593。

陽本人的詩文信函中，並無一語直接道及，這件事會不會是他
毫不知情，而純爲水野的「好事」之舉呢？

　　檢《賴山陽全傳》天保元年（1830）十月六日條，記有：
「長崎水野媚川來訪。」十月八日條，又有：「除媚川外，復
與春琴、秋水同遊高雄。」十月九日賴山陽在致小野桐陰的信
中，關於水野又說：

> 十三年以前，在長崎曾得其關照，其後唐館聯絡，專賴
> 此人，年來亦為酒友。此番遊京，連日同醉。[22]

「唐館聯絡，專賴此人」，正可與江、沈致水野書簡相印證，
如江 15 號書簡即有「去秋山陽寄唐札子二張」之語。水野這
次來訪後僅一個月，《日本樂府》就在江戶、大阪、京都三地
同時刊行。因此，在他們「連日同醉」之際，水野向賴山陽提
出動議，甚至賴山陽自己拜託水野，都是完全有可能的。更明
確的證據，是兩年之後，賴山陽在前文提到的天保三年（1832）
四月十八日致長崎木下逸雲信中，有這樣一句附言：

> 迄今承水野勝太郎（媚川）氏美意，而未得一日之雅，
> 謹祈代候，猶期後日。

在此後五月七日再致木下逸雲信中，同樣附言云：

> 又，年來承水野勝太郎（媚川）美意，實為知音。[23]

---

[22] 同前書，頁 374。原文為日文。

[23] 德富豬一郎等編：《賴山陽書翰集》下卷，頁 828、830。原文為日文。

這裏的「年來」，正是水野反復拜託江芸閣、沈萍香傳送《日本樂府》的時候，賴山陽許其「美意」、嘆爲「知音」者，僅此而已，豈有他哉？

那麼，賴山陽自己對此又爲什麼不直接言明呢？這也許只能以前文所論他的心高氣盛來作解釋。也就是說，由水野出面託付，彼岸送達與否，評論妥當與否，乃至叢書收入、覆刻付梓與否，賴山陽均可審時度勢，進退自由，而無傷其自尊。可以設想，如果賴山陽在活著的時候看到了翁序和錢詩，他總不至於視若罔顧，不置一辭吧？而水野爲什麼選中了《日本樂府》，則可能有以下的種種原因：

其一，賴山陽當時雖然名震遐邇，但他生前正式出版的著作，只有《日本樂府》一種，水野並沒有其他選擇的餘地。

其二，《日本樂府》所詠爲日本歷史，這對中國學界而言，應該說是最具吸引力的。像翁廣平那樣刻意搜求日本史料的文人固不必論，賴山陽的著作中，在中國讀者最多、流傳最廣的，不是他的政論、詩文，而是《日本外史》，也正可以說明這一點。

其三，《日本樂府》的古體詩體裁，或許也是其魅力獨具的地方。日本漢詩近體尚可，而古體稍遜，是長期以來中國文人的共同看法。俞樾編選《東瀛詩選》時，就曾特意以是否擅長古體詩作爲「大家」的評判標準。賴山陽自己對此也耿耿於懷，曾多次表示要一顯身手。近代學者吳闓生《晚清四十家詩鈔》曾選《日本樂府》〈蒙古來〉、〈罵龍王〉二首，評曰：「此二詩絕高古，不似日本人口吻……意朱舜水之徒爲之潤色者

歟？」[24]「高古」之評，或亦從其體裁著眼。因爲《日本樂府》作爲漢詩，其用語並不純粹，茫昧難解者比比皆是，所以賴山陽要特命弟子牧百峰爲之作註後，才予刊行。但反過來，中國讀者會不會正因其「鄙俚率薄」，[25]而更感到異國情趣盎然呢？

我們今天矚目《日本樂府》的西傳過程，其間江芸閣、沈萍香等清客的中介活動，也許更值得重視。追尋其在江戶時期中日文化交流史上的意義，似可歸結爲以下三點：

（一）長崎清客並非僅爲商賈之徒，其中一些人具有相當的文化素養。他們在把大量中國書籍運至日本的同時，也積極地把日本漢籍，特別是像賴山陽《日本樂府》這樣完全的日本人著作帶往中國，使得中國本土翁廣平、錢泳等比清客們水平更高的文人，也對日本文化產生了一定的關心。

（二）江戶後期，以賴山陽爲代表的日本漢詩人，已開始希望更多地在東亞漢字文化圈裏發出自己的聲音。《日本樂府》可以說是他們書面形式的發言，前云賴山陽爲清人顧鐵卿、沈秋塘的著作題詞作跋，也是這種「逆向反饋」之一例。儘管其數量幾乎微不足道，但正是靠著清客們的穿針引線，才使得中日文化交流真正成爲雙向互動的結果。

（三）歷史研究的一大任務，是復原已經消逝的既往之真相，而較之正史、筆記、詩文等被加工過的「正式出版物」，當時的手稿、信函等「原件」，則能更具體、準確地展現鮮活

---

[24] 收入《中華國學叢書》（臺北：中華書局，1970 年），頁 91-92。

[25] 賴山陽：《日本樂府》附記自語。收入《賴山陽全書・詩集》，頁 46。

的歷史原貌，填補到達事實結果之前中間環節的空白。新發現
的江芸閣、沈萍香書簡就生動地告訴我們，這些在中國典籍中
幾近湮沒的無名人物，是怎樣在海禁森嚴的兩國之間，起到架
設津梁的特殊作用的。

　　江、沈書簡中還有許多其他內容，如關於他們和當地漢詩
人的交流，以及他們為示範作詩方法而對過去漢詩作品所作的
刪改，都頗有興味。限於篇幅，這些且容作異日之勞。

（2003 年 11 月）

中國文學史的誕生：
二十世紀日本的中國文學研究之一面

川合康三[*]著　朱秋而^{**}譯

　　步入二十一世紀的今天，回顧二十世紀日本如何研究中國文學，將有助於展望我們未來的研究方向。二十世紀的中國學所涉極廣，而在中國文學領域，「中國文學史」可以說是二十世紀的產物，因此本文將聚焦於此進行討論，從探討中國文學史如何產生，思考二十世紀日本的中國文學研究特質之所在。

　　中國文學的歷史超過三千年，「中國文學史」的歷史卻不過短短兩百年，因為要到十九世紀末才出現以「中國文學史」為題的書刊，早期在日本出版的「中國文學史」如下：[1]

> 1.兒島獻吉郎：〈支那文學史〉，《支那文學》雜誌，第 1 號-第 9 號，1891-1892 年。

> 2.藤田豐八：〈文學小史〉，《支那學》雜誌，第 1 號、2 號、9 號，1894 年？

---

[*] 日本京都大學文學院文學研究科教授。

^{**} 國立臺灣大學日本語文學系助理教授。

[1] 有關日本刊行的中國文學史，請參見川合康三：《中國の文學史觀》（東京：創文社，2002 年）的「資料篇」。

3.藤田豐八：《支那文學史稿》，東京專門學校，1895？
-1897？年。

4.古城貞吉：《支那文學史》（完），東華堂，1897年。

5.笹川臨風、白河鯉洋、大町桂月、藤田劍峯、田岡嶺
雲：《支那文學大綱》，大日本圖書，1897-1904年。

6.笹川種郎：《支那小說戲曲小史》，東華堂，1897年。

7.笹川種郎：《支那文學史》，博文館，1898年。

8.高瀨武次郎：《支那文學史》，哲學館漢學專修科講義
錄，1899-1905年。

9.久保天隨：《支那文學史》，人文社，1903年。

10.久保天隨：《支那文學史》，早稻田大學，1904年。

11.松平康國：《支那文學史談》，早稻田大學出版部，出
版時間不詳。

12.宮島繁吉：《支那近世文學史》，早稻田大學出版部，
出版時間不詳。

13.兒島獻吉郎：《支那大文學史古代篇》，富山房，1909
年。

14.兒島獻吉郎：《支那文學史綱》（全），富山房，1912
年。

15.兒島獻吉郎：《支那文學史》，早稻田大學出版部，出

版時間不詳（可能在 1921 以後）。

　　其實早在上列各書之前，還有末松謙澄的《支那古文學略史》（文學社，1882 年）一書。此書刊於明治十五年，比其他文學史大約早了十年左右。可是末松此書雖然名爲「古文學略史」，實際內容卻是先秦學術史，[2]這可能是明治初期「文學」一詞的意涵尚搖擺不定所致。鈴木修次在〈「文學」の訳語の誕生と日・中文學〉[3]一文中指出：雖早在明治八年（1975）《文部省報告》第二十一期首次以「文學」一詞翻譯 literature，而普及開來似乎需要花相當長的時間。末松使用的「文學」顯然是指以哲學、文學、史學爲主的學術，可見「文學」一詞在當時仍以漢語的傳統意涵流通，因此不得不把《支那古文學略史》摒除於一連串的文學史之外。值得一提的是：末松此書是根據末松當年爲旅居倫敦之日本人發表的演講寫成。在倫敦講述中國古代學術史，與英國是西洋古典學的牙城不無關聯，無疑是受英倫向來尊重西洋古典學和豐碩的研究成果刺激下，企圖展現東洋也有能和西洋相抗衡的古典傳統、學術歷史。

　　此外，初期的文學史往往由「文學」的語義、定義寫起，這意味著當時翻譯用語「文學」一詞尚未完全固定。當然中國的情形也相同，文學史的論述經常由「什麼是文學」寫起的現象，戴燕論文已有論及。[4]排除末松一書，literature 的翻譯語彙

---

[2] 請參見注 1「資料篇」中的「明治篇」，松本肇的題解。

[3] 鈴木修次：《中國文學の比較文學的研究》（汲古書院，1986 年）

[4] 戴燕：〈文學・文學史・中國文學史──論本世紀初「中國文學史」學的發軔〉，《文學遺產》，6 期，1996 年。

「文學」的歷史，即現在通行的文學史、以中國文學爲對象的文學史敘述，在 1890 年代，尤其是後半期同時展開，各家爭鳴的景況如前所示。

古城貞吉的《支那文學史》向來被奉爲世界最早的中國文學史。稱古城貞吉的文學史是首尾一貫的中國文學史之濫觴，確實並無不妥。但是如前所示，了解了短期間中國文學史書籍如雨後春筍般陸續出版，還問「世界上最早的中國文學史爲何？」簡直與金氏紀錄的設問一樣毫無意義。問題不在什麼最早，而是 1890 年代後半，名爲「中國文學史」的書籍突然一起登場，而以前綜觀中國文學歷史的書籍卻幾乎沒有出現過的現象，的確相當詭異，其原因究竟何在？

上列的書中有些是以大學的講義錄形式寫成的，例如：以兒島獻吉郎《支那文學史》爲首，藤田豐八《支那文學史》爲東京專門學校、高瀨武次郎《支那文學史》爲哲學館、久保天隨《支那文學史》爲早稻田大學的講義錄，可見中國文學史一部分是與當時日本設置大學，及因應中國文學講座開課的產物。此雖爲其外因之一，但是非講義錄的著述也不少。古城貞吉、笹川種郎等人的書均以單行本出版，到《支那文學大綱》更以中國文學史上代表性的人物一人一冊的形式，由數名作者分別撰寫，成爲一大部頭的叢書。儘管有因大學設立而來的編寫教科書的情境，應該是將此情況也統攝在內的大的氣運時勢所造就的。

我們可從文學史序文中略窺當時氣運之一端。列舉的文學史中幾乎都提到，明治維新以降，長久以來奉中國爲圭臬的日

本，一舉轉向西洋看齊，以致中國學術文化有被忽視的危機感。主張日本有東洋的傳統，此傳統不應被閒置，例如：井上哲次郎為古城貞吉《支那文學史》寫的〈序〉說：

> 雖然我國不少文化得自支那，西洋學術傳來，反而凌駕支那之上，國人因此嚴重鄙視支那，辮髮奴連兒童都不齒，更何況堂堂的男子漢？事到如今，難道就該把支那文學從我們的研究領域驅逐出境嗎？

> 看到學者們痛批四書、五經腐敗之狀，或許有些人會贊成，但此見解之荒謬，一想即知，殊非難事。

江戶到明治，從政治經濟到學術文化等所有的領域，都由中國激烈地轉換成西洋。整體的方向雖均是由東洋轉換為西洋，但實際上的流向則並非一直線，而是歷經迂迴曲折的西洋與東洋不斷的相剋而來的。1894 年的甲午戰爭，日本戰勝滿清，此事成為日本人改變對自己的學習對象及文化先進國中國的看法之一大契機。透過戰爭的勝利，意識到對中國的優越性，以致更加傾倒於西歐而蔑視中國。在中國文學史出現的前夕，尊崇東洋傳統的人士內心應該是充滿著危機感的。

當時中國文學史是在這樣的情境下產生的。一樣具擁護中國傳統意圖，但稍有不同的是藤田豐八的《支那文學史》。除了不變地提倡中國傳統文學價值外，藤田試圖從中國文學是世界文學之一，從世界文學的一環來捕捉中國文學。如此宏觀的視野超越了非東洋即西洋的時代選擇，是可以通用至今的真知灼見。

　　明治時期的日本雖然全國激烈傾向歐化，但是重新評價中國傳統的反動也一直根深蒂固，因此在考慮該動向為何蘊育出「文學史」之問題時，文學史的固有因素也需一併考慮。

　　其實「文學史」是西歐近代才出現的新概念。文學史形成的前提，當然歷史學非成立不可。近代史學確立於十九世紀，在該史觀的基礎下，寫成了各個文化領域的通史，文學史的誕生也是其中之一。[5]雖然 Rene Wellek" *The Rise of English Literary History*" 將 Thomas Warton 的" *History of English Poetry*"（1774-1781）視為最早的英國文學史，但真正結合歷史與文學作科學性敘述而確立文學史的，應推法國的 Hippolyte-Adolph Taine 的《英國文學史》（1863-1864）。此巨著才真正深具影響力，是日後文學史隆盛的契機。如此意義重大的文學史卻假外國人之手完成，著實耐人尋味。

　　敏銳反應西歐文學史出現的是明治時期日本文學的年輕學子們，三上參次、高津鍬太郎的《日本文學史》上、下兩卷屬最早期的日本文學史，「緒言」中曾提及寫作此書的來龍去脈：

> 　　兩位作者大學時閱讀西洋文學書籍，讚嘆其編法得宜，又有所謂文學史，可詳觀文學之發達，喜其研究順序之完備。當時我國沒有這類文學書，也無文學史，因此倍

---

[5] 參考 Lentricchia, Frank McLaughlin, Thomas 編、大橋洋一等譯：《現代批評理論》（平凡社，1994年）的「文學史」項（由李・潘德生執筆）。Rene Wellek, *The Rise of English Literary History*（Chappell Hill：The University of North Carolina Press, 1941）

感研究本國文學比外國文學更加困難，總是羨彼憐此，
於是興起如何讓我國有毫不遜色的文學書和文學史的
慷慨之念。[6]

又於「緒言」後半列舉「法國碩學」（指 Hippolyte-Adolph Taine）
等西歐文學史家的名字，以西歐爲典範之意甚明，「本書實本
邦文學史之嚆矢也」（頁9）於焉誕生。

　　早在三上、高津《日本文學史》之前，《史學協會雜誌》
第二號（1883）至第十九號（1884）斷斷續續地刊載小杉榲邨
的〈文學史〉，同時連載了木村正辭的〈文學史附說〉和栗田
寬的〈文學史贅言〉。[7]都是簡短的口述，完整的文學史著述之
刊行，則要遲至進入1980年代之後。茲列舉如下：

1. 小中村義象、增田于信：《中等教育日本文學史》，博
文館，1892年。

2. 大和田建樹：《和文學史》，博文館，1892年。

3. 鈴木弘恭：《新撰日本文學史畧》，青山堂，1892年。

4. 新保磐次：《中學國文史》，金港堂，1895年。

5. 芳賀矢一：《國文學史十講》，富山房，1899年。

---

[6] 三上參次、高津鍬太郎：《日本文學史》（金港堂，1890年）緒言，頁1-2。
[7] 小杉的〈文學史〉刊登於《史學協會雜誌》第2號、第4號、第7號、第
12號（以下1883年）、第19號、第24號；木村的〈文學史附言〉則刊登
於第6號、第7號、第11號；栗田的〈文學史贅言〉則發表於第10號、
第11號、第12號。

日本文學史的情形也與中國文學史相同，大致和三上、高津同時期陸續有其他人的著作刊行，相對於「日本文學史」在 1890 年代前半出現，「中國文學史」則集中在 1890 年的後半，正說明了兩者的關係。「中國文學史」的作者諸公雖未明言，但「日本文學史」在 1890 年代前半相繼問世，一定是催促中國文學史編寫的直接刺激。古城貞吉自述於明治二十四年（1891）秋開始寫作《支那文學史》（同書「凡例」），正好是三上、高津《日本文學史》出版的隔年。

以《挑釁的文學史》聞名的耀斯，爲了挑戰文學研究者學問集大成式的文學史，開始獨特的文學史寫作。不必等耀斯指出，一般皆認爲文學史是已具備相當功力之文學家的工作。可是 1890 年代輩出的日本文學史、中國文學史的作者，毫無例外，全都是在其非常年輕的時期寫成的：三上參次二十五歲，古城貞吉三十一歲，藤田豐八、笹川種郎二十八歲。這也呈現出在當時文學史是最新的風潮，只有對時代的新動向具有敏銳感受力的年輕世代，才可能去作這樣的嘗試。

文學史本來就是源自於西歐，西歐當然有想編撰中國文學史的動靜。最有名的是 Herbert A. Giles, *A History of Chinese Literature*，序文日期爲 1900 年 10 月。此書當初是以是 Edmund Gosse，LL.D 主編的 *Short History of the Literature of the World* 叢書的一冊刊行的。Giles 在書裏說：「這是包括中文在內的任何語言，描寫中國文學歷史的最初嘗試。中國學者不斷地對各個作品提出批評或鑑賞，似乎不曾有過文學史的企圖。」可見當時中國尚未出現文學史，也是西歐最早出現的完整的中國文學

史。附帶一提的是：叢書所錄日本文學史是 W.G. Aston 所寫的
"*A History of Japanese Literature*"，有明治四十一年（1908）柴
野六郎的日譯本（《日本文學史》，大日本圖書），譯者自序說：
「大體結構採自高津、三上兩人的日本文學史。」

　　不管是西歐或是日本，都在十九世紀末出現中國文學史，
可是真正影響中國的是日本人寫的中國文學史。朱自清就曾寫
道：早期在中國寫的中國文學史，大多受日本人的中國文學史
之影響。[8]翻檢陳玉堂《中國文學史書目提要》（黃山書社，1986
年）可知：日本的中國文學史中譯本，除笹川種郎的《歷朝文
學史》（上海中西書局，1903 年）及古城貞吉《中國五千年文
學史》（開智公司，1913 年）外，有人指出林傳甲《中國文學
史》（1910 年）模倣的是早稻田講義錄，而曾毅《中國文學史》
（1915 年）和康璧城《中國文學史大綱》，則分別襲用兒島獻
吉郎的文學史和笹川的《歷朝文學史》。

　　西歐的中國文學史對中國的影響不及日本人寫的，因為西
歐不像日本有系統的接受中國的傳統學術文化。此外，西歐當
時的文學觀與中國傳統文學觀有相當的距離。鄭振鐸在〈評
Giles 的中國文學史〉[9]一文中，曾對 Giles 的疏漏提出批評，並
認為連實用的園藝入門書之類的書籍都收入中國文學史，這是

---

[8] 朱自清：〈什麼是中國文學史的主潮──林庚《中國文學史》序〉4，此文最
　早發表於 1947 年，後收入《朱自清古典文學論集》上（上海：上海古籍
　出版社，1981 年）。

[9] 鄭氏此文發表於 1934 年，後收入《鄭振鐸古典文學論文集》上（上海：上
　海古籍出版社，1984 年）。

中國傳統學術並未以正統性的形式被接受與理解所造成的。此外，對該書所特別標舉的《聊齋誌異》一書，鄭振鐸則認為評價過高，認為此書「在中國小說中並不算特創之作。」（頁33）這些非難都透露出當時東西方對文學看法的差異。之後，《聊齋誌異》成為中國文學史上不可或缺的作品，即與西歐人士率先承認這類小說的價值不無關聯。相較於以戲曲和小說為中心的西歐近代文學，在傳統的中國文學觀下，這類俗文學作品尚未取得應有的地位。而日本可能因受西歐近代文學觀影響，對俗文學這塊全新領域展開熱烈的探求。古城的文學史中雖無俗文學的敘述，笹川的文學史則曾論及元、明、清的俗文學，甚至還有專著《支那小說戲曲小史》，宮崎的《支那近世文學史》也為元、明、清小說戲曲設專章討論。儘管林傳甲《中國文學史》是以笹川之作為藍本，卻認為該書將俗文學部分納入是見識拙劣、不足為範的。中國的傳統觀念如此牢不可破，但在日本，西歐文學觀應當已經十分普及。據《中國文學史書目提要》所載，中國的文學史將戲曲、小說採入，是從張之純《中國文學史》（1915）、謝無量《中國大文學史》（1918）前後才開始的。

　　以上釐清了中國文學史的概念，以此為基礎的書籍，先出現於近代西歐，東渡日本蘊育日本文學史，受此刺激而有中國文學史的撰寫過程。透過「中國文學史」的誕生此一事象，不正可一窺日本中國研究的特徵嗎？換句話說，日本在明治以前長期累積了中國的傳統學術，再結合明治以後流入的近代西歐文化，而誕生了「中國文學史」。當時日本的年輕學子輕而易舉的投入「文學史」這個新領域，不正因為他們雖保有中國傳

統，卻不似中國般根深蒂固，比較容易吸收新事物嗎？關於文學史，其實在更早的十八世紀的江戶時代，就有出自日本人之手，而近於文學史的著作，即江村北海（1713-1788）的《日本詩史》五卷（1771 刊行）。眾所周知，「詩史」一辭指杜甫的詩擅長以詩歌描寫當時的歷史，是「以詩爲史」之意。在中國，此語應無「詩的歷史」的用法。在日本轉用「詩史」一語試圖描寫日本漢詩（中國古典詩）的歷史，在十八世紀後半就曾出現，這不也是因日本人是外國人之故，多少能掙脫傳統束縛的一個例證嗎？

除了傳統的累積與近代西歐知性導入的結合外，也必須提及當時西洋和東洋的熾烈相剋。在兩種異質的文化糾葛下產生的緊張感，也唯有身處其中，爐火純青的工作才能展開。

事情並不侷限於「中國文學史」的誕生，二十世紀日本的中國文學研究以長久吸收中國文化的累積爲基礎，接受西歐新的思考方法，展開日本的獨立研究。西歐沒有累積如日本般完整的容受歷史，而在中國，傳統又重得令人無法輕盈地轉換，於是日本遂在西洋與中國的山谷間綻放研究的花朵。

但現在日本一般的知識份子完全缺乏中國傳統文化、學術的素養，明治時期執筆寫中國文學史者所依據的基礎已經瓦解。當年二十幾歲，有些還未必是中國文學專家的作者能寫長篇的中國文學史，是現在完全無法想像的。再加上近代西歐的知性在東洋已不再爲日本所獨占，近代本身也即將被跨越，文學史這樣的近代產物的有效裝置也漸漸失靈，超越近代的知性樣態才是探求的重點。

　　到底今後日本的中國文學研究該何去何從？就一般文化
而言，中國事物的比率大概會日漸下降。研究與文化一般並不
相涉，必須限定專門的領域。而在各研究領域中，促成世界均
一化的全球化仍會繼續。在全球化的同時，特別會敏銳地意識
到各文化圈的個別特質。在日本文學傳統文化的關聯中探索中
國文學的關心也將會更深化。人文科學尤其是古典學術，今後
該如何發展，或者是否可能等大問題，其答案皆不易尋求。然
而，我們正處於一個極大的轉捩點上，卻是不爭的事實。在此
低迷不振的氛圍中，說不定抱持鮮明而強烈的問題意識會是一
條活路，就像明治時期的文學史在東洋與西洋的糾葛中完成了
他們的志業一般。

名詞索引

人名索引

【東亞文明研究叢書】

【東亞文明研究資料叢刊】

國家圖書館出版品預行編目資料

日本漢學研究續探：文學篇／葉國良、陳明姿編
　　---初版---　臺北市：臺大出版中心
2005〔民94〕
265 面；15 * 21 公分
含索引
ISBN 986-00-2054-X（平裝）
1. 漢學 - 日本 - 論文, 講詞等

033.107　　　　　　　　　　　　94016180

統一編號 1009402552

東亞文明研究叢書 40

日本漢學研究續探：文學篇

編　者：葉國良、陳明姿
策劃者：國立臺灣大學東亞文明研究中心
出版者：國立臺灣大學出版中心
發行人：李嗣涔
發行所：國立臺灣大學出版中心
地　址：臺北市 106 羅斯福路四段 1 號
電　話：02-23630231 轉 3914
傳　真：02-23636905
E-mail：ntuprs@ntu.edu.tw

2005 年 8 月初版
ISBN 986-00-2054-X
定價：新台幣 300 元